HUFSPUREN

CHRISTA LUDWIG

Vier Beine für Christina

HUFSPUREN 3

CHRISTA LUDWIG

Vier Beine für Christina

VERLAG FREIES GEISTESLEBEN

Mit einem *Mini-Lexikon der Pferdesprache* am Ende des Buches

1. Auflage 2009

Verlag Freies Geistesleben
Landhausstraße 82, 70190 Stuttgart
Internet: www.geistesleben.com

ISBN 978-3-7725-2363-2

Umschlag & Gestaltungskonzept: Maria A. Kafitz
Satz: Bianca Bonfert
Fotos: Wolfgang Schmidt
Druck: CPI – Clausen & Bosse, Leck

Das Pferd in der Flasche 1

Theres stand mit dem Fahrrad schon am Gartentor. Sie leckte an ihrer Zahnspange. Das machte sie seit einer halben Stunde. Ihre Zunge war schon ganz wund. Im rechten Augenwinkel sah sie Jana aus ihrem Haus kommen. Die rannte, wie immer. Wahrscheinlich hatte sie wieder verschlafen. Theres drehte den Kopf zur Seite, schaute der Freundin entgegen, aber nur ein wenig, dabei ließ sie die Haare halb über ihr Gesicht fallen, der Fahrradhelm schwebte gewichtslos über ihrem Kopf, und sie blinzelte durch den feinen blonden Schleier, eine gekräuselte Spitzengardine. Dann warf sie die Haare zurück, trat heftig in die Pedale und flog davon. Sollte Jana sich wundern, denn normalerweise fuhr die voraus.

Wie lange aber würde sie durchhalten? Jana war viel kräftiger und musste sie bald einholen. Theres fuhr das beste aller Fahrräder, Alu-leicht und gefedert zum Davonschweben – aber einen Motor hatte es nicht. Jana holte auf. Die Straße wurde steiler. Theres strengte sich an. Das tat sie selten, und sie fühlte, wie ihr das Blut in den Kopf stieg.
Na gut, dachte sie, ein roter Kopf ist ein roter Kopf, vielleicht merkt man nicht, dass er vorher schon rot war.
Sie wollte nicht mit Jana reden, noch nicht. Sie wollte mit niemandem reden. Auch ihrer Mutter hatte sie nichts gesagt. Sie hatte das kleine Päckchen sofort in ihrer Schultasche verschwinden lassen und war ins Bad gerannt.
Es war der 3. Oktober. Ein Tag vor ihrem Geburtstag. Schon das allein war eine Katastrophe. Wenn jemand aus England – oder war es Amerika – ein Päckchen als Sonderzustellung aufgibt, mit so genauen Angaben – 7.15 Uhr abgeben, – dann musste er doch auch den Tag genau bestimmen können. Hatte er vergessen, wann sie Geburtstag hatte? Oder wollte er mal wieder ihre Mutter überholen und ihr *sein* Pferd schenken, bevor sie eins von der Mutter bekam? Sein Pferd! Ihr wurde schlecht.
Es fing an zu regnen. Ein goldener Oktober war das bis jetzt nicht. Sie hatte schon besseres Geburtstagswetter erlebt. Und sie hatte schon bessere Geburtstagsgeschenke bekommen. Natürlich hatte sie sich ein Pferd gewünscht, aber –
Regen ist gut, dachte sie und hob das Gesicht.
Und als Jana sie schließlich einholte, waren die Regentropfen auf ihren Wangen nicht mehr von den Tränen zu unterscheiden.
«Was ist denn los?», fragte Jana.

Sie keuchte, tatsächlich, sie keuchte. Das war wohl auch für Jana anstrengend gewesen.

«So rast du doch sonst nicht zur Schule. Wir sind nicht mal spät dran.»

Theres hielt, sie konnte nicht weiter. Es ging ja immer noch bergauf. Sie wartete, bis sie wieder reden konnte, und sagte: «Ich musste schnell weg. Meine Mutter wollte mich mit dem Auto bringen. Sie hat Angst, dass ich mich erkälte. Kennst sie doch.»

Jana nickte. Das war vollkommen glaubwürdig. Theres' Mutter hatte vor allem Angst.

Zum ersten Mal freute sich Theres, dass sie diesen anstrengenden Schulweg hatten. Niemand konnte erwarten, dass sie dabei auch noch erzählte. Sie fuhr nun langsam. Es war wirklich noch früh. Auf keinen Fall wollte sie vor der Schule herumstehen, erst recht nicht in der Pausenhalle. Da hätte sie keine Regentropfen mehr im Gesicht, unter die sich unauffällig ihre Tränen mischten. Sie ließ Jana vorausfahren und sah die kurzen dunklen Haare verschwinden, keine Mütze, keine Kapuze, kein Helm. Jana bremste, schaute zurück, wartete.

«Heulst du?», fragte sie.

Theres schüttelte heftig den Kopf.

«Es regnet», sagte sie.

Sie hatten die Höhe erreicht und bummelten weiter zur Schule. Jana redete, Theres schwieg. Es sah so aus, als sei alles wie immer.

Im Fahrradkeller wartete Alberta auf sie. Ihre schwarzen Kirgisenaugen glänzten wie polierter Pechstein. Sie strahlte Theres an.

«Morgen», flüsterte sie. «Freust du dich?»

Theres nickte, blieb mit dem Ärmel am Lenker hängen und wäre fast über ihr Rad gefallen. Das fiel nicht auf, das war normal. Sie war im letzten Jahr viel zu schnell gewachsen, und sie stolperte über alles.

«Morgen», sagte Alberta, «morgen.»

Immerhin, da war noch jemand, der sich auf Theres' Geburtstag freute.

«Ich wette, du kriegst die Bjalla», sagte Alberta.

Theres schüttelte den Kopf und griff erleichtert nach der guten Gelegenheit, ein trauriges Gesicht machen zu dürfen.

«Bjalla ist schon verkauft. Das weißt du doch.»

Theres kämpfte mit ihrem Schulrucksack. Der hing auf dem Gepäckträger fest. Damit ließ sich noch eine Minute gewinnen. Sie wollte mit dem Läuten in die Klasse gehen, sich auf ihren Platz setzen, und niemand durfte mehr etwas fragen. Schon gar nicht: «Freust du dich?»

Jana half ihr, und sofort war der Rucksack frei, natürlich, Jana zog einmal fest, und das war erledigt. Sie gab den Rucksack Theres, die zögerte, aber sie musste ihn nehmen – sie und nur sie wusste von dem Päckchen mit der kleinen Flasche darin.

Vielleicht ist sie ja kaputt, dachte sie.

Sie war aus Glas, das hatte sie gefühlt, Glas kann schließlich kaputtgehen.

Unsinn, dachte sie, die ist nicht kaputt. Kaputt ist ganz was anderes und nicht erst seit heute, aber heute ist es mal wieder besonders schlimm.

Und außerdem – es war doch nur das Duplikat. Das Original lag gesichert in – wo war das? – Chicago. Oder war es New York?

Es läutete zum ersten Mal. Theres ging neben Alberta her. Die sang leise vor sich hin. Ein Lied, das niemand kannte, und niemand verstand ein Wort. Russisch, ein Lied ihrer Heimat, noch immer ihre Heimat? Sie sprach inzwischen sehr gut Deutsch. Und trotzdem sang sie russische Lieder. Die waren immer ein wenig traurig. Als sie das Klassenzimmer erreichten, läutete es zum zweiten Mal. Theres floh in die Sicherheit der Unterrichtsstunde. Es würde eine gute Stunde werden, das konnte auch sie nicht leugnen, sie hatten Geschichte bei Taggy. Die ganze Schule beneidete die 8 c darum, dass sie Taggy in zwei Fächern hatten.
Theres saß neben Alberta. Jana war schon lange nicht mehr neben ihnen, weil die mit ihren Reiterfreundinnen noch mehr schwätzte als mit den anderen Mädchen und darum saß Theres jetzt zwischen Alberta und Thommy. Und das war an diesem Tag ein großes Glück, denn so konnte sie verhindern, dass Alberta zu dem übelsten aller Spitznamen kam.
Es war zunächst für die Mädchen eine eher langweilige Stunde. Die Klasse hatte das 15. Jahrhundert erreicht, zwar saßen die Könige im Geschichtsbuch noch immer auf sich bäumenden Pferden, das freute die meisten Mädchen. Aber man hatte auch die ersten Kanonen erfunden, das freute die meisten Jungen. Und Luca, der gleich neben Thommy saß, war Spezialist für Kanonen. Taggy hatte ihm die Gelegenheit gegeben, seine miesen Zensuren aufzubessern und ein Referat über Geschütze zu halten. Er hatte ihm selber ein Buch aus der Schulbibliothek geliehen. Es lag aufgeschlagen auf der Bank. Luca aber stand vorn und führte seine Plastik- und Metallmodelle vor, Kanonen aus allen Zeiten.

Er erklärte, welche nur zur Verteidigung und welche für die Feldschlacht geeignet waren. Sein Prachtmodell war aus Metall, ungefähr 15 cm hoch, es sah ganz echt aus.
«Und die», sagte er, «die knallt.»
Er warf einen fragenden Blick auf Taggy. Der nickte.
Luca zündete ein winzige Ladung Schwarzpulver auf dem Lehrerpult, wahrhaftig, es knallte, die Jungen trampelten, die Mädchen gähnten. Theres verfing sich wieder in ihren trüben Gedanken. Sie hatte aufgehört, an ihrer Zahnspange zu lecken und versuchte einen Pickel auszudrücken. Alberta streckte die Beine und rutschte auf die Stuhlkante, sitzen war in ihren viel zu engen Jeans höchst unbequem. Aber Alberta wollte ja nicht nachgeben. Sie war fest entschlossen, ihren Körper für die Hosen passend zu hungern.
Da fing Thommy an zu kichern. Wer immer geglaubt hatte, es seien die Mädchen, die albern herumkicherten, der musste hier seine Meinung ändern. Wie Thommy da gickelte, das brach alle Rekorde. Er kicherte und prustete, er krümmte sich über den Tisch, er gluckste und feixte, alle schauten ihn an. Er presste die Lippen aufeinander und es gelang ihm, sich einigermaßen still zu halten, nur seine Schultern zuckten und hin und wieder seine Mundwinkel. Luca trug seine rauchende, nach Schwarzpulver stinkende Kanone zurück zu seinem Platz, sortierte seine Notizen, griff nach dem Buch aus der Schulbibliothek. Da nahm Thommy einen Kuli und zog einen Kreis um zwei Wörter auf der aufgeschlagenen Seite. Theres sah, was er da eingekreist hatte, kapierte sofort und wurde noch blasser, als sie ohnehin schon war. Da war eine riesige Kanone, so eine richtig wuchtige Maschine und die hatte einen

Namen. Einige der Kanonen hatten einen Namen, und diese besonders fette hieß: die dicke Berta.
Aber so schnell begriff Luca nicht. Er war völlig konzentriert auf sein Referat und Thommy musste zappeln und feixend hin und her gucken – von der Kanone zu Alberta zur Kanone –, da prustete auch Luca los, aus war es mit dem Referat. Und wieder drehten sich alle um. Alberta zog die Beine an, klemmte ihre Hüften in die Jeansfalten, beugte sich vor, versuchte um Theres herum in dieses Buch zu blicken. Irgendwas musste da furchtbar komisch sein. Sie ahnte nicht, dass sie keinen Grund haben würde mitzulachen. Und nur Theres saß dazwischen. Sie musste etwas tun. Sie musste verhindern, dass Alberta ein Blick in das Buch gelang. Aber ihr fiel nichts ein, nichts anderes als das, was den ganzen Morgen schon in ihrem Kopf rumorte und so schmerzhaft gegen ihre Stirn klopfte. Da erzählte sie Alberta, was sie keinem hatte erzählen wollen.
«Du – kann ich mit dir reden? Ich wollte eigentlich nicht, aber es ist was – nein – es ist nichts passiert, nur mein Vater hat mir ein Pferd geschenkt, was der so Pferd nennt, und jetzt ...»
«Dein Vater?» Alberta war entsetzt. «Was für ein Pferd? Und wo hat er es? Kriegst du jetzt keinen Isländer?»
Theres warf Taggy einen verzweifelten Blick zu. Der merkte, er wurde gebraucht, und er kam. Er durchschaute die Situation sofort und nahm das Buch vom Tisch.
Gerettet, dachte Theres, er wird was machen. Irgendwas wird er machen, damit niemals jemand was davon erfährt.
Das tat er. Ein Ruck, und er hatte die Seite aus dem Buch gerissen.

«Eh», rief Luca, «das ist ein Schulbuch. Das haben Sie zerrissen. Das waren wir nicht.»
«Nein», sagte Taggy und schaute Thommy an. «Aber du hast die Seite verdorben. Ihr wisst genau, was passiert, wenn noch mehr das spitzkriegen. Es gibt jetzt zwei Möglichkeiten. Entweder ihr quatscht das rum. Dann seid ihr verantwortlich für dieses Verderben eines Schulbuchs. Das ist ein teures Buch, ich sag's euch. Oder ihr schweigt. Dann nehm ich alles auf mich. Was wollt ihr?»
«Tschuldigung», sagte Thommy. «Wir halten die Klappe. Okay?»
Er warf einen Blick auf Luca.
«Okay», nickte der, «es ist eh fies. Aber ...», er fing wieder an zu kichern, «sooo komisch!»
Taggy lächelte Theres an. Sie war die Einzige, die noch davon wusste. Sie würde schweigen.
Alberta war vor dem furchtbarsten aller Spitznamen gerettet. Sie wurde damit fertig, dass sie hier fremd war, denn sie hatte ihre Freunde. Sie hatte sich damit abgefunden, dass ihre Familie hier arm war, denn auf dem Islandpferdehof durfte sie reiten. Aber sie litt entsetzlich darunter, dass ihr Körper nicht in die Magermodekleider passte. Doch da sie nichts davon mitbekommen hatte, wie knapp sie der Gefahr entkommen war, auf Zeit und Ewigkeit «die dicke Berta» genannt zu werden, plagte sie Theres mit anderen Fragen.
«Was für ein Pferd hat er dir geschenkt?», flüsterte sie.
Und Theres wollte es doch nicht erzählen.
«Eins, vor dem du Angst hast?», bohrte Alberta weiter.
Ja, Theres hatte Angst vor Pferden. Nichts tat sie lieber als

reiten, aber immer hatte sie Angst gehabt. Bis die Islandpferde kamen. Da saß sie zum ersten Mal frei von aller Furcht im Sattel.

«Nun sag schon!», drängte Alberta. «Ein Springpferd? Ein ganz teures? Das trau ich deinem Vater zu.»

«Du kennst ihn überhaupt nicht!», zischte Theres wütend zurück. Und das war das Letzte, was sie herausbrachte. Dann wurde sie gebeutelt und geschüttelt, ihre Schultern zuckten wie vorher die von Thommy, aber sie lachte nicht, sie heulte. Die Stunde war dann bald zu Ende, doch ein Vorteil war das für sie nicht. Jetzt standen Alberta, Jana und noch ein paar um sie herum und wollten ihr helfen.

«Wir sagen nichts», versicherte Luca, «Ehrenwort, eh, so schlimm kann das doch nicht sein, also für dich doch nicht.»

«Darf ich mal», hörten sie Taggys Stimme. «Ich muss mich bei der Theres noch bedanken. Na du? Du warst toll. Und? Was ist jetzt?»

Taggy! Wenn es irgendjemanden gab, dem sie es würde erzählen können, dann war es Taggy.

«Kann ich mit Ihnen reden?», schluchzte sie. «Aber die Pause ist ja so schnell rum.»

«Ich habe eine Freistunde», sagte Taggy.

«Aber wir nicht.»

«Was habt ihr jetzt?»

«Physik.»

«Das ist gut. Physiklehrer haben einen Sinn für Naturgesetze. Und es ist ein Naturgesetz, dass ein Schwamm, der voll Wasser ist, nichts mehr aufnehmen kann. Du bist voll Wasser. Du nimmst da jetzt nichts auf. Komm.»

Theres stolperte hinter Taggy zum Medienraum. Da saßen sie allein zwischen Fernsehern und Regalen mit DVDs und Videokassetten. Ihren Rucksack hatte Theres rasch noch gegriffen und mitgenommen. Sie kramte das Päckchen heraus. Allmählich konnte sie wieder sprechen.

«Mein Vater hat mir ein Pferd zum Geburtstag geschenkt.»

«Na – Glückwunsch!»

«Ja – aber – das ist kein Pferd, das ist ein Monster, also ich finde, so was ist ein Monster.»

Sie stellte das kleine Fläschchen vor Taggy auf den Tisch. Der nahm es und drehte es in den Händen. Es sah fast aus wie ein Juwel, wie ein geschliffener Diamant, verschlossen mit einem goldenen Deckel. Auf einem winzigen Schild stand: Western Dancer xx (II b)

«Hm», machte Taggy, «also ich rate: Western Dancer heißt das Pferd – und – ja – xx – das könnte bedeuten, der Zwanzigste, aber …»

«xx bedeutet Englisches Vollblut», unterbrach Theres.

«Ah – und du wolltest einen Isländer?»

«Den kriege ich auch. Von meiner Mutter.»

«Na, dann macht es doch nichts, dass du von diesem Vollblüter nur die – was mag es sein – die digitale Erfassung seines Stammbaums hast.»

Theres schüttelte den Kopf und fühlte die Tränen wieder aufsteigen. Erzählen konnte sie es nicht. Sie gab ihm den Brief ihres Vaters und beobachtete sein Gesicht, während er las:

«Mein liebes schönes Elfenkind,
jetzt bist Du vierzehn Jahre alt und ich sage Dir meinen herzlichsten Glückwunsch. Ein Pferd hast Du Dir gewünscht und von Deiner Mutter wirst Du eines bekommen, das Du reiten kannst. Es soll ein schönes Pferd sein, ich stelle mir vor, dass es ein Schimmel ist. Ich sehe Dich wie die Elfenkönigin auf einem schneeweißen Pferd über die Hügel fliegen.
Aber von mir bekommst Du auch ein Pferd, eines, das nur ich Dir schenken kann, denn es kostet ein paar Euro mehr als Dein Schimmel, auch wenn man es noch nicht reiten kann.
Du weißt ja viel über Pferde, du kennst sicher Western Dancer, den berühmtesten Vollbluthengst aller Zeiten. Er hat nicht nur alle Rennen gewonnen, er ist auch der bester Vererber. Alle seine Nachkommen sind Stars auf der Rennbahn. Eine Stute von Western Dancer decken zu lassen, kostet heute 800 000 Dollar! Natürlich deckt er nicht mehr, schon lange nicht mehr, hat er vielleicht nie getan, denn das macht man heute alles mit künstlicher Befruchtung. Western Dancer ist 28 Jahre alt. Trotzdem wird es in den nächsten Jahren immer wieder Fohlen von ihm geben. Für – ich habe mich genau informiert – ca. 50 Befruchtungen ist Samen von ihm eingefroren.
Nun denkst Du, ich schenke Dir hier ein Fohlen von Western Dancer? O nein! Es ist viel großartiger. Du bekommst ihn selber, den besten Vollbluthengst aller Zeiten!
Die Aktiengesellschaft, der Western Dancer gehört, hat nämlich zugestimmt, dass zwei – genau zwei, nicht mehr – Klone von ihm hergestellt werden. Einer davon (II a) muss in den U.S.A. bleiben – den anderen hast Du! Was Du da jetzt

wahrscheinlich in der Hand hältst, ist eine verschönerte Nachbildung des Gefäßes, in dem das Zellmaterial für einen Klon von Western Dancer tiefgefroren in Chicaco lagert und darauf wartet, dass mein Elfenkind sagt: ‹Jetzt! Im nächsten Jahr soll er geboren werden!› Dann kannst Du ihn auch mal reiten. Aber eigentlich ist er ein Zuchthengst.
Bei der ganzen Sache ist natürlich ein Risiko. Du kennst mich: no risk no fun! Die meisten Leute glauben noch nicht an diese Technik. Darum konnte ich ihn günstig erwerben. In ein paar Jahren wird sich der Wert vervielfacht haben. Dann kannst Du ihn natürlich auch verkaufen.
Leider ist er kein Schimmel. Er ist dunkelbraun. Stell ihn Dir also ins Regal zwischen die steigenden Pferde aus Meißner Porzellan, die ich Dir mal geschenkt habe, und reite so lange Deinen Schimmel, den Du wahrscheinlich von Deiner Mutter bekommst.
Es grüßt Dich, mein Elfenkind, und wünscht Dir Glück im neuen Lebensjahr

Dein Dich ewig liebender Vater»

Taggy ließ das Blatt sinken und sagte – nichts.
«Sagen Sie doch was!», flehte Theres. «Bitte.»
«Wie», begann er, «wie hat denn deine Mutter reagiert?»
Das war nicht sehr hilfreich.
«Der hab ich das noch nicht gezeigt. Aber wie die reagiert, weiß ich. Sie schreit und flucht. Sie kriegt ganz kleine böse Augen und schreit und flucht. Wenn irgendwas mit meinem Vater ist, dann schreit und flucht sie. Sonst nie. Ich will es ihr nicht sagen. Ich kann das nicht leiden, wenn sie so über ihn schimpft. Er ist doch mein Vater.»

«Du musst es ihr sagen. Sieht so aus, als hätte dein Vater dir hier ein Millionengeschenk gemacht.»

«Das interessiert sie nicht. Sie ist selber reich. Nicht so wie er. Aber was sie alles geerbt hat, können wir auch nicht ausgeben.»

Taggy schwieg. Er war heute wirklich nicht sehr hilfreich. Wie furchtbar, wenn sogar Taggy nichts mehr einfiel. Das Einzige, was er schließlich herausbrachte, war: «Entsetzlich.»

Theres presste die Lippen zusammen, bis sich die Zahnspange fast durch die Oberlippe drückte. Aber da fasste Taggy einen Entschluss:

«Also! Der Reihe nach. Erstens: Dein Vater hat, wie viele Menschen dieser Erde, von dieser Welt nicht mal die Hälfte begriffen. Er weiß zum Beispiel nicht, was ein Pferd ist. Er weiß es einfach nicht. Er denkt, das sei ein Geschäftsobjekt. Du hast doch auch einen Hund. Hast du ihn mal mit dem Hund besucht?»

Theres nickte.

«Und? Was hat er gemacht mit dem Hund?»

«Er hat ihn gestreichelt.»

«Siehst du! Dann ist noch nicht alles verloren. Vielleicht kapiert er noch, dass, was man streicheln kann, kein Geschäftsobjekt ist.»

«Sie meinen, man kann ihn liebhaben? Trotz allem?»

«Ja. Zweitens: Deine Mutter. Ich rufe sie gleich an und erzähle ihr das alles. Wenn du nach Hause kommst, ist ihr Wutanfall vorbei.»

«Aber ich muss doch selber mit meinen Problemen fertig werden.»

«Mit deinen. Ja. Aber das ist nicht deins. Es ist ein Problem deiner Mutter. Das musst du dir nicht anhören. Ja – und dieses Flaschenpferd: Lehn das Geschenk ab oder nicht, das musst du wissen, ich glaube, es ist im Augenblick nicht wichtig, denn du lebst mit diesen Islandpferden. Ich versteh ja nichts von Pferden, aber als letzten Monat hier so ein Zirkus war, ob der Islandpferdehof nun zu uns kommt oder nicht, da hab ich mich ein bisschen informiert. Islandpferde entstehen anders. Also Klone sowieso nicht, aber da ist auch nichts mit künstlicher Befruchtung. Da läuft der Hengst mit seiner Herde Stuten den ganzen Sommer auf der Weide. Und sie können sich freuen und sich lieben, wie sie Lust haben. Und ich bin sicher, das ist ein Grund, weshalb diese Islandpferde so robust und so voller Leben und Freude sind.»

Jeder macht mal einen Fehler. Auch Taggy. Dies war sein Fehler. Das hätte er nicht sagen dürfen. Theres brach völlig zusammen. Er musste warten. Sie kämpfte. Mit den Tränen. Gegen die Tränen. Sie ballte die Fäuste. Sie versuchte durchzuatmen und blieb bei ihrem Entschluss: Jetzt sag ich's. Jetzt sag ich's. So brach es dann aus ihr heraus, etwas stotterig und durcheinander, denn die Worte stolperten über die Zahnspange, aber doch einigermaßen verständlich.

«Ja, genau! Darum sind sie so, die Islandpferde. Und ich – ich bin überhaupt nicht robust und eigentlich gar nicht richtig lebendig, und heute Morgen, als ich das gelesen hab, den Brief von meinem Vater, da hab ich gedacht und seitdem kann ich nichts anderes denken ...»

Sie musste Luft holen, sie brauchte etwas mehr Schwung, mehr Druck, um das noch zu sagen:

«Glauben Sie, die haben mich auch so gemacht, meine Eltern? Ich bin kein Klon wie das Flaschenpferd da, aber ich bin doch auch nicht echt, nicht richtig gezeugt, mit Liebe und Sex und so, ich bin doch gar nicht vollständig, also ich fühl mich da nicht vollständig.»

So war es. Sie war weit hinter den anderen Mädchen ihrer Klasse zurück. Noch immer hatte sie nicht ihre Tage. Und morgen würde sie vierzehn, und da wo den anderen Mädchen Beulen wuchsen, hatte sie geradezu Dellen.

Kann man so was dem Klassenlehrer erzählen? Hätte sie nicht doch lieber mit Jana reden sollen? Aber wie sollte die das verstehen? Bei der war alles perfekt. Oder mit Alberta? Das ging noch weniger. Keine Chance, Alberta verständlich zu machen, dass man darunter leiden konnte, wenn man zu dünn war. Aber dem Klassenlehrer erzählen kann man das auch nicht.

«Also jetzt hör aber auf, Theres», sagte Taggy, «also jetzt spinnst du. Deine Eltern – sie mögen ja etwas schwierig sein – aber sie haben dich bestimmt nicht im Reagenzglas gezeugt.»

Theres zuckte die Achseln.

«Ich kann mir nicht vorstellen, dass die sich jemals geliebt haben. Und ich fühle mich da einfach nicht vollständig. Verstehen Sie das?»

Taggy antwortete nicht.

«Jetzt sagen Sie bloß nicht, das wird schon noch.»

Taggy sagte noch immer nichts. Dann zuckte ein Grinsen über sein Gesicht. Er sprang auf.

«Wart mal, vielleicht habe ich das noch.»

Er kramte in seinen Taschen, Jackentaschen, Hosentaschen und zog schließlich ein verknittertes Blatt Papier hervor, legte es auf den Tisch, strich es glatt, knickte das obere Drittel um und schob es ihr zu.

«Hab ich gestern zwei Jungen weggenommen. Aber ich sage dir nicht welchen, auch nicht aus welcher Klasse, das wäre nicht fair.»
Der Zettel war aus einem Terminplaner gerissen. Zwei verschiedene, aber gleichermaßen krakelige Schriften wechselten sich ab.
Theres las:

Nee – find ich nicht, aber Theres …
Die hat doch nur Gäule im Kopf …
Na und? Aber hast du die mal angeschaut. Seit den Sommerferien. Wie die sich verändert hat?
Stimmt. Werden wir im Auge behalten.

Theres starrte auf den Zettel. Taggy zog ihn ihr weg und knüllte ihn wieder zusammen.
«Also», sagte Taggy, «ich hoffe, du bist emanzipiert genug und ziehst dein Selbstbewusstsein nicht daraus, dass so ein paar Knaben dir nachschauen. Ich wollte dir nur beweisen – nicht sagen, denn geglaubt hättest du es mir ja nicht – beweisen: du bist vollständig.»
Als Theres zurück zum Klassenzimmer ging, wog das Flaschenpferd nicht mehr monsterschwer. Sie schloss die Augen, sie kannte den Weg ja, und tastete ihren Körper von innen ab. Dellen, stellte sie fest, also Dellen waren da nicht.

EINS AUS 34 2

Am Nachmittag regnete es immer noch ein wenig. Theres saß auf dem Koppelzaun vom Rappenhof. Das war zum Teil verboten, zum Teil erlaubt. Verboten hatte ihr die Mutter, im Regen zu sitzen. Erlaubt hatten ihr Isa und Sven, auf den alten Koppelzaun zu klettern, weil sie ja fast nichts wog. Alberta zum Beispiel durfte das nicht. Theres war allein. Sie hatte sich sehr früh zum Rappenhof fahren lassen, eben weil sie allein sein wollte. Sie wollte Abschied nehmen, in stiller Ruhe Abschied nehmen von einer Sehnsucht. Dies war der letzte Tag in ihrem Leben ohne eigenes Pferd. Von nun an würde sie an jedem kommenden Tag ihres Lebens immer ein eigenes Pferd haben. Oder zwei. Oder drei. Oder mehr.

Aber keinen englischen Vollblüter mit Namen Western Dancer II b!
Taggy hatte gute Arbeit geleistet. Als sie von der Schule nach Hause gekommen war, hatte ihre Mutter sie einfach in den Arm genommen und ihr versprochen: «Morgen bekommst du ein richtiges Pferd.» Über den Vater geschimpft hatte sie nicht. Theres hatte ihr den Brief, das Fläschchen und das Foto von Western Dancer gegeben. Frau Rohner hatte mit den Achseln gezuckt und gesagt: «Ich will das nicht lesen. Mach erst mal gar nichts damit. Schreib ihm, bedank dich, und sag ihm, was du davon hältst.»
Nach dem Essen hatte sie Theres sofort zum Rappenhof gebracht. Und die genoss nun dort das Alleinsein. Isa und Sven, die Inhaber des Islandpferdehofs, arbeiteten im Bauernhaus. Sie waren erst vor wenigen Wochen mit ihren Pferden hierher gezogen. Für die Pferde war alles gerichtet, aber ihre eigene Wohnung noch lange nicht fertig.
So ganz allein war Theres natürlich nicht. Auf dem dick mit Spänen eingestreuten Paddock lag Barana, ihre Hündin, fuchsrot und glatt, mit einem Fell wie ein Pferd. Sie war ein Magyar Vizsla, ein ungarischer Jagdhund. Barana döste. Sie rannte nicht wie früher auf dem Ulmenhof ständig aufgeregt zwischen Reitern und Pferden hin und her. Hier war Ruhe. Auch einige Ponys hatte sich hingelegt. Der Regen machte ihnen nichts aus. Nur wenige Pferde waren in den Stall gegangen und knabberten am Stroh.
Theres zählte. 29 Isländer waren draußen, also mussten fünf im Stall sein. Weiter hinten standen abgetrennt von den anderen in ihrem eigenen Paddock vor ihrem eigenen Stall die beiden weißen Andalusierhengste Federico García Lorca

und Don Pedro Calderón de la Barca. Isa und Sven bestanden darauf, dass man sie mit ‹Señor› ansprach und ‹Sie› zu ihnen sagte. Nur alte Freunde und sehr gute Reiter durften die beiden Spanier duzen. Dabei wirkten sie eigentlich gar nicht so eingebildet. Theres rutschte vom Koppelzaun, ging mitten durch die Isländer auf die beiden Spanier zu, Barana stand auf und folgte ihr träge.

«Hallo Rico, hallo Pedro», flüsterte Theres. «Rico, du bist dreckig, aber du bist auch schön, wenn du dreckig bist. Du hast dich gewälzt, nicht wahr. He, Rico!»

Täuschte sie sich oder guckte der Schimmel sie wirklich ziemlich abweisend an? Das konnte doch nicht wahr sein, dass die wirklich Wert darauf legten, wie man sie ansprach. Sie machte die Probe.

«Señor García, Sie sind dreckig. Sie haben sich gewälzt. Aber Sie sind auch schön, wenn Sie dreckig sind. He, Señor García!»

Keine Veränderung. Der Schimmel fühlte sich offenbar immer noch nicht angesprochen. Da stupste der andere sachte seine weiche Nase an ihre Schulter. Theres musste lachen.

«Ach so! *Du* bist der Rico! Sagt Isa und Sven bloß nicht, dass ich euch heimlich duze! Ich verrat euch noch was. Morgen bekomme ich eines von allen diesen Pferden. Ich weiß nicht welches, aber nicht dich, Rico, und nicht dich, Pedro.»

Bei dieser Verteilung der Namen schienen die Hengste mit dem ‹Du› einverstanden.

Theres drehte sich um und lehnte sich an den Zaun. Der Regen lief ihr über das Gesicht, und alle Tropfen waren Regentropfen, kein Grund mehr für Tränen, das traurige Gefühl tief in ihr war ganz weich und seltsam angenehm.

Trotzdem traurig.
Komisch, dachte sie.
Abschied von einer Sehnsucht. Seit vielen Jahren sehnte sie sich danach, ein eigenes Pferd zu haben. Und doch fiel ihr der Abschied von dem pferdelosen Dasein schwer.
Langsam schlenderte sie durch die Herde. Eins von diesen, eins, aber welches? Sicher nicht Blesi, den lieben Fuchs mit der breiten Blesse. Den wollten immer die jüngsten Reiter haben, weil er so grenzenlos lieb war. Den konnte Isa nicht hergeben. Am Eingang zum Stall stand die alte, schneeweiße Gletta – ‹ein Schimmel für mein Elfenkind, ein Schimmel für mein Elfenkind› – Theres schüttelte heftig den Kopf und warf die Erinnerung an den Brief des Vaters aus ihren Gedanken. Gletta schaute über ihre Herde, eine alte Leitstute, das älteste Pferd im Stall.
«Kein Schimmel für dein Elfenkind!», knurrte Theres vor sich hin.
Gletta würde mit Sicherheit nicht verkauft.
Aber Sokki vielleicht. Neben ihr schnaubte ein neugieriges, freches schwarzes Ponygesicht mit einer schmalen Blesse, aber die Mähne war über dem Widerrist weiß, und ein weißer Streifen lief über die Schulter. Sokki war kein Rappe, sondern ein Schecke, sein rechtes Hinterbein war dunkel, die anderen waren weiß.
Sie streichelte Sokki. Eine braune Nase drängte sich dazwischen.
«Du bist …» Theres schob die Mähne von der Stirn, noch war es etwas schwierig, alle zu erkennen. «… Örn mit dem kleinen Strich auf der Stirn. Sind wir ab morgen Freunde für immer?»

Sie ging weiter und machte einen Bogen um Bjalla. Barana nicht. Die lief auf Bjalla zu und leckte ihr die Nase, als gehörte die helle Fuchsfalbstute zur Familie. Denn Bjalla war das Pferd, das Theres immer geritten hatte, als der Rappenhof noch an seinem früheren Ort war. Bjalla, das hieß ‹Glöckchen›, und aus goldenen Glöckchen war ihr Fell, aus silbernen ihre Mähne, Bjalla, das Glöckchen, das Glockenspiel – Theres drehte sich rasch um. Sie würde Bjalla nicht bekommen, das hatten sie verpasst, die blonde Stute war verkauft. Aber Hrimfaxi, der windfarbene mit der Reifmähne. Oder Alsvidur, der Fuchs mit der breiten Blesse. Oder Harpa, die dreifarbene Braunscheckstute. Und dann musste sie noch einmal einen Bogen machen, einen großen Bogen um Stjarni, den Stern. Rabenschwarz fiel ihm die Mähne auf beiden Seiten über den Hals, der hoch gebogen wie bei einem Hengst war, nur kleine Spitzen ragten von den Ohren aus dem Haar und verborgen unter dem dichten Schopf war der kleine weiße Stern.
Stjarni war Isas Pferd. Den gab sie keinem. Theres aber hatte dieses Pferd gesehen und geliebt.
Was denn, dachte sie, Abschied von einer Sehnsucht? Ich bekomme ein Pferd, aber nicht Stjarni, nicht Bjalla – die Sehnsucht wird bleiben …
Endlich merkte sie, wie nass ihre Haare waren. Für Anfang Oktober war es ziemlich kalt. Sie ging in den Stall. Da war es wenigstens trocken. Bald würden die Reitschüler kommen und Isa würde die Pferde einteilen und noch einmal wollte sie Bjalla reiten, zum letzten Mal, denn ab morgen ritt sie ihr eigenes Pferd. Wozu eigentlich? Wäre es nicht besser, im Unterricht Bjalla zu reiten? Wozu braucht man ein eigenes

Pferd, wenn es ein Schulpferd gibt, das man lieber hat? Aber nein, Fehlanzeige, Bjalla war verkauft. Wahrscheinlich würde sie bald abgeholt.
Theres ging ins Reiterstüble, ein mit Holzwänden vom Stall abgetrennter Raum gegenüber von der einzigen Box der Isländer. Das war das ‹Krankenzimmer›, Pferde mit Kolik oder Verletzungen konnten hier vorübergehend untergebracht werden. Jetzt lag nur eine der Hofkatzen im Stroh. Theres wartete auf Isa, aber es war noch zu früh. Stattdessen kam Felix.
«Du?», fragte Theres. «Was machst du hier?»
Felix gehörte zwar zu ihrer Clique: Jana, Alberta, Theres und eben Felix. Der Schmied hatte sie mal Rundumbeschlag genannt, weil sie wie die vier Hufeisen eines rundum beschlagenen Pferdes immer in dieselbe Richtung liefen. Aber das war ja nicht mehr so. Die Spur der vier Hufeisen hätte einen indianischen Fährtenleser zur Verzweiflung getrieben, sie ging auseinander: Zwei Hufe liefen zum Islandpferdehof, nämlich Theres und Alberta; Jana und Felix aber trabten immer wieder zum Ulmenhof. Sie konnten sich von den Großpferden nicht trennen, obwohl ihre beiden Pflegepferde verkauft waren.
Felix trug Reitkleidung.
«Willst du reiten?», fragte Theres.
Er nickte.
«Hier?»
Er nickte.
«Ich hab mir ein paar Reitstunden zusammengespart. Mal sehen, wie ich mit den Ponys klar komme.»
«Natürlich kommst du damit klar. Du kannst doch reiten.»

Wenn einer vom alten Rundumbeschlag wirklich reiten konnte, dann war es Felix.
«Erzähl mir mal», verlangte Felix und zog seine Jacke aus, «was muss man anders machen mit diesen Pferden? Wie geht antölten?»
Die meisten Menschen, wenn sie merken, dass sie wichtig sind, fühlen sich mindestens fünf Zentimeter größer. Bei Theres war das anders. Als Felix, der Super-Reiter, ihr so eine Frage stellte, fühlte sie sich fünf Pfund gewichtiger.
«Das kannst du. Isa sagt zu den Großpferde-Reitern immer, ‹wie vor dem Sprung›, auf Tölt vorbereiten ist wie auf den Absprung vorbereiten.»
Felix schüttelte seine nasse Regenjacke. Er war natürlich mit dem Fahrrad gekommen. Da fiel ein Zettel aus der Innentasche, Theres genau vor die Füße. Sie hob ihn auf. Fast blieb ihr das Herz stehen. Felix warf einen flüchtigen Blick darauf.
«Kannst du wegwerfen. Spickzettel für 'ne Englischarbeit. Ist gelaufen. Aber die geben doch im Tölt nicht so viel nach mit der Hand. Nicht wie im Sprung?»
Theres antwortete nicht. Sie schaute auf den Zettel. Das Blatt war aus einem Terminplaner gerissen. Genau so ein Stück Papier hatte sie heute Morgen im Medienraum kurz in der Hand gehabt. Und die Schrift? War die nicht ganz ähnlich? Einer der beiden Schriften von heute Morgen ganz ähnlich?
«Und nach vorn beugen darf man sich auch nicht. Die sitzen doch eher zurück im Tölt.»
«Ja», sagte Theres, «ja. Aber die Spannung. Du musst dem Pferd eine Spannung geben. Wie vor dem Sprung. Ach, ich weiß nicht. Soll Isa dir sagen.»

Zu dumm! Das war nicht sehr geschickt. Sie wollte doch eigentlich wichtig sein, endlich einmal überlegen sein, wenn es um Pferde ging, nicht immer das ewig lockere Hufeisen des Rundumbeschlags, das beim nächsten Galoppsprung vor Angst davonflog. Aber sie konnte jetzt nichts denken außer: diese Schrift …

War einer der beiden Jungen, die sich im Zettelaustausch über sie unterhalten hatten, Felix gewesen? Nein. Er war in der 9a, und die hatten Taggy gar nicht. Doch! Sicher hatte Taggy dort Vertretung gehabt. Nein. Felix würde nicht schreiben: ‹Die hat doch nur Gäule im Kopf.› Doch. Denn dies war die Schrift von dem anderen. Sollte es möglich sein, dass Felix hinter ihr her war? Sie hatte immer geglaubt, er fliege auf Alberta. Es war nämlich keineswegs so, dass die Jungen Alberta zu dick fanden. Auch Thommy und Luca nicht, die sie beinahe zur ‹Dicken Berta› ernannt hatten. Der einzige Mensch, der Alberta zu dick fand, war Alberta. Und die merkte nichts, aber auch gar nichts davon, wie sie auf andere wirkte. Also könnte es doch sein, dass auch sie, Theres, einfach nicht mitbekommen hatte, dass Felix in sie verliebt war. Sie steckte den Zettel in die Tasche.

Die Stalltür wurde aufgerissen und ein paar Mädchen kamen herein. Dann hörten sie Isa. Barana sprang auf, denn mit Isas Stimme kamen auch die beiden Border Collies Lleu und Goewin. Die Hunde tobten durch den Stall. Durch die offene Stalltür sah Theres Janas Mutter auf den Parkplatz fahren. Jana also auch. Alberta war mit Sicherheit schon unterwegs. Damit wäre der Rundumbeschlag wieder komplett. Und in ihrer Tasche der Zettel mit Felix' Schrift. Ein Beweis für ... Konnte das alles wahr sein? Das

war mehr als Geburtstag und morgen hatte sie auch noch wirklich Geburtstag.
Unter den Mädchen, die zur Reitstunde gekommen waren, erkannte sie noch zwei. Die waren letzte Woche noch auf dem Ulmenhof geritten. Grohne-Wilte, der Besitzer vom Ulmenhof, hatte also doch recht mit seiner Befürchtung, dass der Rappenhof ihm die Reitschüler wegnehmen würde.
Bevor Isa die Pferde einteilte, kam auch Sven. Die beiden waren ein ungleiches Paar: zwar waren sie beide blond, aber Isa war klein, Sven sehr groß und sein langes Haar hatte einen rötlichen Schimmer.
«Ich könnte mit den Alten rausgehen», schlug Sven vor. «Dann kannst du dich auf die Neuen konzentrieren.»
Die ‹Alten›, das waren die ‹alten› Islandpferdereiter, die ‹Neuen› waren fortgeschrittene Reiter, die aber keine Erfahrung mit Isländern hatten.
«Theres kann mit rauskommen», fuhr Sven fort, «du willst die Bjalla, denk ich …»
Da sah er Felix.
«Hallo», sagte er. «Willst du reiten?»
Felix nickte.
«Dann nimmst du den Kari.»
«Bist du verrückt?», fragte Isa.
Theres wusste, Kari war Svens eigenes Pferd. Nur selten bekam ihn ein Reitschüler.
Sven lächelte: «Ich will ihn ködern. Vielleicht bleibt er bei uns. Ich habe mir zwar geschworen, dass ich dem Ulmenhof keine Reitschüler ausspanne, aber er ist von selber gekommen. Ich geh mal davon aus», wandte er sich an Felix,

«auf dem Ulmenhof kriegst du auch die besten Pferde unter den Hintern geschoben?»
Felix nickte.
«Ah», sagte Isa, «das ist der Junge, dem du erlaubt hast, Pedro und Rico zu duzen?»
«Kari ist ein Fuchsscheck», erklärte Sven. «Theres zeigt ihn dir. Er hat viel weiß, wenig rot. Vielleicht geb ich dir mal ein Pferd, das nur weiß ist. Ich bleibe doch hier. Wir machen die Stunde zusammen. Dann können die Alten den Neuen was vortölten.»
«Theres», sagte Isa, «du kennst Jana am besten. Welches Pferd passt zu ihr?»
Theres wurde um noch weitere drei Pfund schwerer. So wichtig war sie in einer Reitschule noch nie gewesen.
«Was Freches», schlug sie vor. «Vielleicht Sokki?»
Sie gingen durch die Herde und suchten ihre Ponys heraus. Es hatte aufgehört zu regnen. Was für ein Glückstag! Sogar das Wetter machte mit.
«Es ist schön, wie die hier leben», sagte Jana. «Keine Käfigpferde. Ich kann euch verstehen, es ist schön hier.»
«Und das da», Felix zeigte auf Gletta, den einzigen Schimmel unter den Isländern, «was ist mit dem da?»
«Das ist eine Stute. Was soll mit der sein?»
«Sven hat gesagt, er gibt mir mal einen Schimmel. Ich seh sonst keinen.»
Theres grinste, fasste ihn am Arm und zeigte auf –
Es war doch nicht das erste Mal, dass sie Felix berührte. Sie hatte dabei doch sonst auch keinen elektrischen Schlag bekommen. Es musste an dem Zettel liegen, dem Spickzettel aus dem Terminplaner, das war offenbar ein vorzüglicher

elektrischer Leiter, es zuckte durch ihren ganzen Arm. Auch der andere Arm, mit dem sie auf Pedro und Rico zeigte, zitterte.

«Er hat die gemeint. Er gibt dir mal einen von denen.»

«Oh», sagte Felix, «oh.»

Als sie die Pferde zum Putzplatz führten, kam Alberta. Sie nahm sich sofort einen Mistboy und sammelte den Mist im Paddock ab. Sie musste sich ihre Reitstunden verdienen, und sie war glücklich, dass Isa sie in den Anfängerstunden mitreiten ließ.

Es wurde Theres' schönste Reitstunde. Sie durfte vorreiten. Noch einmal wurde sie um ein paar Pfund schwerer.

«So», sagte Isa, «und jetzt zeigt euch die Theres, wie man in wenigen Wochen lernen kann, sich auf die Isländer einzustellen. Bjalla auf den Hufschlag, ruhiges Tempo Tölt.»

Ach, Bjalla. Theres fühlte sich so wundervoll wohl auf dem hellen Glöckchen. Bjalla war ein Viergänger, ein vollkommen taktklarer Tölter, ein sanftes Sprudeln unter dem Hintern, kein Stoßen, kein Werfen.

«Und jetzt», verlangte Isa, «lässt du sie in die Ecken hinein in Galopp fließen, kurze Seiten Galopp, lange Seiten Tölt. Mach nicht so viel mit dem Schenkel, ich habe Bjalla ganz auf Gewichtshilfen zugeritten.»

Danke, Isa. Das war Bjallas Spezialität. Theres brauchte fast nur zu denken Galopp, schon sprang die kleine Fuchsstute an. Und sie musste die Zügel nur ganz leicht wieder annehmen und tack tack tack tack lief Bjalla wieder Tölt.

Jana allerdings konnte sich in ihren Sokki nicht hineinfinden. Er warf seine Beine immer unregelmäßiger durcheinander.

»Das ist Gangartensalat», sagte Isa. «Du merkst es, kein Trab, kein Tölt, kein Galopp. Aber das macht nichts. Es geht vielen am Anfang so.»

Felix jedoch ging es nicht so. Er bekam geradezu eine Einzelstunde von Sven. Der erklärte: «Kari ist ein Fünfgänger. Aber das ist maßlos untertrieben. Er ist ein Tausendfüßler. Und so viele Möglichkeiten hat er auch, seine Beine durcheinanderzubringen und sich dabei rasend schnell vorwärts zu bewegen. Ich erwarte von dir nichts anderes, als dass du einen taktklaren Trab reitest. Und das erreichst du, wenn du ihn überhaupt nicht störst.»

Und das schaffte Felix. Als aber Kari seinen Takt im Trab gefunden hatte, flog er mit großen weiten Tritten über den Platz.

«Genug», sagte Sven. «Nun – hast du was gemerkt?»

Felix gab die Zügel nach. Er sah völlig verblüfft aus.

«Das ist komisch», sagte er. «Der trabt wie ein großes Pferd.»

«Siehst du», Sven nickte. «Das wollte ich dir zeigen. Demnächst kriegst du ein anderes Pferd und lernst tölten. Dann erst darfst du Kari tölten. Er töltet nicht wie ein großes Pferd. Er töltet wie sonst nichts auf der Welt.»

Da aber kam heftiger Widerspruch von Isa.

«Glaubt ihm das nicht!», rief sie. «Kari töltet keineswegs wie sonst nichts auf der Welt. Kari töltet wie Stjarni! Aber ich würd den Felix doch gern noch mal auf einen Viergänger setzen …»

Dazu kam es nicht mehr. Vom Waldrand hörten sie ein Wiehern. Alle schauten hinüber. Ein Pferd von seltsam unbestimmbarer Farbe – am ehesten war es dunkelbraun – näherte sich auf dem Feldweg. Es trug keinen Reiter, keinen

Sattel, kein Zaumzeug, kein Halfter. Es trabte. Nicht wie Kari getrabt war. Nicht wie irgendein Großpferd. Es schwebte. Es war eines von denen, die die Erde nicht nötig haben.
«Troilus!», sagte Jana.
«Der Glückskauf!», schnaubte Felix voller Abscheu.
«Das können nur Warmblüter!», sagte Isa. «Himmel – ist das schön.»
Sie schauten einfach nur zu, wie das schmutzig braune Pferd über den Weg und die Wiesen flog. Dann änderte sich das Bild. Das Pferd blieb stehen und wälzte sich. Grotesk lange Beine zappelten in der Luft.
«Ihr kennt das Pferd?», fragte Sven. «Vom Ulmenhof?»
Felix nickte.
«Das ist Grohne-Wiltes Glückskauf. Ich soll helfen, ihn zuzureiten, aber ich will nicht.»
«Wie kommt er hierher? Komische Farbe.»
«Er ist stichelhaarig», erklärte Jana. «Und er heißt Troilus. Und es gibt keinen Blödsinn, den er noch nicht gemacht hat. Bettina hat das sofort gesagt. Sie sieht das an den Ohren. Und überhaupt am Gesicht.»
Troilus sprang wieder auf die Beine und näherte sich neugierig mit weit vorgestrecktem Kopf.
«Sichelohren», sagte Isa. «Herrlich! Mondsichelohren. Und was für ein Gesicht! Wer hat das sofort in ihm gesehen?»
«Bettina. Unsere Reitlehrerin.»
«Die scheint nicht ganz blöd zu sein. Hört sich so an, als ob die schon mal was anderes gelesen hätte als die Leistungsprüfungsordnung für Turnierpferde. Vielleicht kommen wir doch zu einer Zusammenarbeit. Eure Bettina ist, scheint's, mehr als ein Preußenreiter.»

«Was ist ein Preußenreiter?»
«Was Stures.»
«Bettina ist nicht stur!» Das war Jana.
«Doch!» Das war Theres.
«Du kennst sie überhaupt nicht!», fauchte Jana sie an. «Du kennst sie nicht wirklich.»
Jana ist noch nicht hier, dachte Theres. Sie hängt am Ulmenhof und an Bettina.
«Also!», sagte Sven. «Das ist eine gute Gelegenheit, mit dem Ulmenhof ins Gespräch zu kommen. Ich hol den Hänger und fahr diesen Glückskauf zurück. Ihr könnt absatteln.»
«Nein!», sagte Isa. «Lasst die Pferde gesattelt. Ich fürchte, wir brauchen sie noch.»
Sven schaute sie fragend an.
«Na geh mal», sagte Isa. «Bring den in den Hänger. Erstens, er wird sich nicht greifen lassen. Er hat kein Halfter und nichts. Und zweitens, wenn du ihn hast, so möchte ich bezweifeln, dass du ihn in einen Hänger kriegst.»
«Er geht in den Hänger», sagte Felix. «Das ist kein Problem. Aber ich glaube auch nicht, dass er sich greifen lässt.»
Sven holte ein paar Mohrrüben und ein Halfter. Er ging auf Troilus zu. Der stand und streckte ihm neugierig an seinem langen Hals den Kopf entgegen. Er fraß begeistert alle Mohrrüben. Sobald Sven das Halfter hob, drehte er sich anmutig auf der Hinterhand und trabte eine Runde.
«Nun», Sven gab es auf und schaute Isa an. «Was willst du machen mit den Pferden?»
«Die alte Bändernummer reiten. Ihn einkreisen.»
«Nicht schlecht. Aber er wird über die Bänder springen. Dann ist er draußen.»

«Er springt nicht», versicherte Felix. «Er klettert, aber springt nicht.»

«Er klettert?»

«Ja, er ist aus dem Fenster von seiner Box geklettert.»

«Okay, Isa, ich find die Idee mit der Bändernummer gut», sagte Sven. «Wir haben genügend Flatterband. Aber wir brauchen eine Menge Leute. Wie viele Privatreiter sind da?»

«Etliche», Isa schaute sich um, «die wollen ausreiten. Ich geh mal, die müssen hier bleiben.»

«Passt auf! Info für die Neuen», fuhr Sven fort, «wir sind mal eine Quadrille mit Bändern geritten. Immer zwei zusammen mit Bändern dazwischen. Die Pferde kennen das. Wir können auch sechs zusammenkoppeln. Wahrscheinlich ist das wirklich die einzige Chance, an dieses Pferd heranzukommen. Aber ich möchte nichts machen ohne Absprache mit dem Besitzer. Erst rufen wir den an. Er gehört dem Stallbesitzer vom Ulmenhof? Ihr habt die Nummer im Kopf?»

Und während Sven sein Handy aus der Weste fummelte, schauten sich vier Reiter betreten an: Felix, Jana und die beiden anderen Mädchen, die letzte Woche noch auf dem Ulmenhof geritten waren. Sven guckte sie auffordernd an. Sie schwiegen.

«Ah», sagte Sven, «ich verstehe.»

«Wenn Bettina rauskriegt, dass wir hier reiten, sind wir da fertig», sagte eines der Mädchen.

«Erledigt», nickte Jana. «Finito.»

«Und wenn Grohne-Wilte es rauskriegt, ist das genauso schlimm.»

«Das heißt», folgerte Sven, «ihr müsstet euch jetzt entscheiden. Zwischen dem Rappenhof und dem Ulmenhof?»

Sie nickten.
«Wir wollen euch nicht zwingen. Schnappt eure Räder und fahrt durch den Wald. Dann sehen sie euch nicht. Wir sagen nichts. Wir rufen an und fragen ganz harmlos, ob ihnen ein Pferd fehlt.»
«Aber», Isa kam zurück, «wir würden euch brauchen für die Bändernummer. Mit nur zehn Reitern können wir das Pferd nicht einkreisen.»
«Ich bleibe», sagte Felix. «Mich können sie hier ruhig sehen. Ich bin bei Grohne-Wilte sowieso unten durch, weil ich mich geweigert habe, genau diesen Gaul da zu reiten.»
«Warum?», fragte Sven. «Ist doch ein super Pferd.»
«Eben. Zwei Jahre lang muss ich das machen, was Bettina verlangt, und an allem, was schiefgeht, bin ich schuld. Aber das würd ich noch machen. Nur – nach zwei Jahren hat man das Pferd richtig gern und dann wird es verkauft. Für einen Super-Preis. Nee!»
«Dann hast du auf dem Ulmenhof kein Pferd mehr?», fragte Sven.
«Doch. Andreas hat mir Fantasy angeboten.»
«Andreas? Das ist der nette junge Mann, der uns hier begrüßt hat?»
«Ja, und der verkauft seine Pferde nicht.»
«Also haben wir keine Chance, dich hier anzusiedeln?»
«Sven, wir haben geschworen, dass wir nicht ...»
«Schon gut. Kann ich jetzt die Nummer haben? Die anderen können sich ja so lange im Misthaufen verstecken.»
«Ich schlage vor», sagte Jana, «wir bleiben alle. Wenn wir wirklich wieder zum Ulmenhof gehen, sollen die sich freuen, dass wir wieder kommen.»

Sie diktierte Sven die Nummer. Er führte ein kurzes Gespräch und berichtete: «Da war eine Frau am Telefon. Rena oder so ähnlich. Die war, glaub ich, schon mal hier. Das ist die Freundin von dem Andreas? Also – sie sind alle im Wald mit Pferden und Autos und suchen den Ausreißer. Rena telefoniert sie jetzt zusammen. Sie kommen sofort.»

Troilus graste friedlich.

Isa bereitete die Bändernummer vor, zählte die Reiter durch, teilte Pferde zu.

«Und Alberta nimmt den Blesi. Das schaffst du. Wir gehen nur Schritt.»

Zwei Reitgruppen waren da. Mit allen Privatreitern und was sonst noch so auf dem Hof herumlief, kamen sie auf 22 Reiter.

«Sattelt mal 25 Pferde, vielleicht bringen die ja noch ein paar Leute mit. Man darf hoffen, dass die wissen, welcher Fuß in welchen Steigbügel gehört.»

Sven brachte eine Rolle Flatterband.

Troilus graste friedlich. Als Grohne-Wiltes Landrover mit Pferdehänger auf den Parkplatz fuhr, hob er kurz den Kopf und fraß weiter. Er fühlte sich nicht angesprochen.

Grohne-Wilte, Bettina, Rena und Pferdepfleger Hermann stiegen aus. Sie sahen Jana, Felix und die beiden anderen sofort, auch Theres und Alberta, aber dass die ihnen davongelaufen waren, wussten sie ja. Rena sagte: «Hallo!», und winkte ihnen zu. Hermann nickte. Grohne-Wilte und Bettina schauten über sie hinweg, als wären sie Fremde. Theres schaute zu Jana und sah, dass sie litt. Jana hatte viel mit Bettina erlebt und mochte sie sehr.

Hermann versuchte, Troilus zu greifen. Er stellte ihm einen

Futtereimer hin und wartete, bis Troilus seine Nase hineinsteckte. Aber der dachte nicht daran. Pellets bekam er jeden Tag. Das Gras schmeckte ihm besser. Auf dem Putzplatz, dem Paddock, dem Reitplatz standen 25 Islandpferde und warteten auf ihren Einsatz. Eine Viertelstunde oder länger mühten sich Hermann, Bettina und Grohne-Wilte um den Ausreißer. Rena schaute nur zu. Troilus regte sich nicht auf. Er rupfte in aller Ruhe seine Grashalme und war immer da, wo man ihn nicht greifen konnte. Theres merkte, wie Isa und Sven sich das Grinsen verbissen. In Grohne-Wiltes Gesicht sah sie die Wut. Aber er kannte Pferde gut genug, um zu wissen, dass er mit Wut hier keinerlei Chance hatte. Dann gab er auf, ging zu Sven und schaute auf die Rolle Flatterband.

«Ich denke, Sie laufen nicht immer damit herum», sagte er. «Sie meinen, damit könnten wir es schaffen?»

Sven nickte. Grohne-Wilte blickte über den Platz.

«Wie viele würden helfen?»

«Wir haben 22 Menschen und 25 Pferde», sagte Sven.

«Pferde?»

«Ich glaube nicht, dass Sie es ohne Pferde schaffen.»

«Und Sie meinen, Ihre Ponys machen das mit?»

Sven nickte.

«Sie dürfen das Band nicht zu hoch halten», sagte Grohne-Wilte. «Er springt nicht, und ich glaube nicht, dass er durchgeht. Aber er kriecht drunter durch.»

«Er kriecht?»

«Ja. Darum ist er hier. Wir haben ihm ein Stück Paddock eingezäunt. Er hat sich unter der untersten Zaunlatte durchgewälzt.»

Isa schaute Bettina an und sagte: «Wenn es Ihnen gelingt, das Pferd auszubilden, dann ... dann sind Sie genial.»
Bettina zuckte die Achseln.
«Reiten Sie mit?», fragte Isa. «Wir haben noch ein paar Pferde frei. Je mehr desto besser.»
So kam Bettina zum ersten Mal in ihrem Leben auf einen Isländer. Auch Rena war natürlich dabei. Und beinahe wäre Hermann, seit 20 Jahren Pferdepfleger, zum ersten Mal auf ein Pferd gekommen. Aber Sven musste dann doch davon abraten.
«Das Risiko ist zu groß. Keiner darf einen Fehler machen. Wenn das Band an einer Stelle reißt, ist er durch. Schlau wie der ist.»
Also blieb ein Pony übrig, das Isa und Theres rasch absattelten.
«Warum reitet euer Chef nicht?», fragte Isa. «Der muss doch reiten können?»
«Kann er. Er war Vielseitigkeitsreiter. Aber sein Rücken ist kaputt. Von einem Sturz. Muss so zehn Jahre her sein», sagte Jana.
Sven hatte aus Pferden und Reitern schon sechs Gruppen gebildet. Er verteilte das Flatterband. Jede Gruppe bekam ein langes durchgehendes Band. «Das ist sicherer, als es in einzelne Teile zu zerrupfen.»
«Du gibst das Zeichen», sagte Isa. «Du hast das totale Augenmaß. Wir reiten Bügel an Bügel, dass er das Flatterband möglichst spät sieht. Sven weiß, wann wir dicht genug sind, dass sich der Kreis schließt. Alle schauen auf Sven. Wenn er die Hand hebt, dann schnell auseinander.»
«Im Schritt?», fragte Alberta.

«Nein, die Äußeren müssen schnell sein. Du kommst in die Mitte. Da musst du dich fast nicht bewegen. Die besten Reiter an die Flanken.»

Und sie setzte Theres mit Bjalla an die Flanke.

Langsam näherten sie sich dem Ausreißer von allen Seiten. Die Rechnung ging auf. Troilus ließ sich von Pferden nicht stören und fraß weiter. Grohne-Wilte lief zu Fuß mit. Er hielt das Halfter. Alle schauten auf Sven.

Noch nicht, dachte Theres. Es ist noch zu weit.

Barana lief neben ihr. Die Border Collies folgten Sven und Isa. Theres schaute hinüber zu ihrer Partnergruppe. Es war Felix, den sie schnell erreichen musste, aber nicht zu schnell. Das Band durfte nicht reißen.

Da hob Sven die Hand.

Theres führte Bjalla nach links, gab dabei das aufgewickelte Flatterband nach, das Mädchen neben ihr folgte. Alberta in der Mitte sah hin und her, auch ihre Aufgabe war nicht ganz leicht, sie musste nachgeben, wo das Band spannte, hatte in beiden Händen Zügel und Flatterband und sie war doch noch gar nicht sicher mit Zügeln in den Händen. Theres erreichte Felix und bewunderte Svens Augenmaß, der Kreis war geschlossen. Troilus warf den Kopf hoch und trat beunruhigt auf der Stelle. Jetzt den Kreis enger ziehen. Theres kontrollierte ihre Gruppe, sah, dass jenseits von Alberta das Band straff gespannt war.

«Alberta, nach rechts!», schrie sie.

Alberta führte beide Hände ruckartig nach rechts, zu weit, dabei zog sie dem armen Blesi links im Maul, und der brave Fuchs wandte sich nach links. Das Band riss. Im selben Augenblick sprang Alberta aus dem Sattel und zwar nach

rechts. Sie konnte voltigieren, und wie! Das Flatterband lag über Blesis Sattel. Wenn nur das Mädchen auf der anderen Seite auch so rasch handelte! Oder Grohne-Wilte! Doch der stand ziemlich weit weg. Troilus hatte die Lücke gesehen. Aber er war unsicher. So etwas hatte er noch nie erlebt. Er schaute auf Grohne-Wilte. Den hielt er für seinen Gegner. Alberta lief auf die gerissene Stelle zu, das Band hielt sie hoch, es lief durch ihre linke Hand. Die Hälfte der Lücke war damit wieder gesperrt. Das langte nicht für einen Troilus! Der trabte auf das freie Stück zu. Das Mädchen auf der anderen Seite blieb im Sattel. Troilus kam.
«Lleu!», schrie Sven.
«Goewin!», schrie Isa.
Die Border Collies waren Pferdehüten gewohnt. Sie schnitten Troilus den Weg ab, trieben ihn zurück, Barana jagte kläffend mit.
Da war Grohne-Wilte heran und griff das lose Ende Flatterband. Und immer noch blieb eine Lücke, zwei Meter zwischen Grohne-Wilte und Alberta würden Troilus reichen, um zu entkommen.
«Alle nach links!», rief Bettina von der anderen Seite und drängte ihre Gruppe noch links.
Grohne-Wilte erreichte Alberta, sie gab ihm das lose Ende und flitzte zurück. Der gute Blesi stand noch an derselben Stelle. So ritten sie nun langsam auf Troilus zu und sammelten das Flatterband wieder ein. War Troilus verblüfft? Irritiert? Oder hatte er durchschaut, dass er keine Chance mehr hatte? Verängstigt war er nicht. Er blieb ruhig stehen, bis er umzingelt war von Islandpferden. Nun hätte er sich nur noch wehren können, indem er schlug oder biss. Aber

Schlagen und Beißen gehörte nicht zu seinen Methoden. Grohne-Wilte streifte ihm das Halfter über den Kopf.
Im Schritt gingen sie zurück. Theres beobachtete einen Blickwechsel zwischen Sven und Isa, ein Grinsen, Feixen, ein Nicken. Dann lief der Blickkontakt weiter durch alle ‹Alten›, auch das Grinsen, das Feixen, dann das Nicken.
«He, Sabine», rief Isa leise um Theres herum einer Frau mit ihrem eigenen Pony zu. «Was meinst du? Können wir das riskieren?»
«Der schlägt nicht», rief Sabine zurück.
Und Isa gab das Kommando: «Los!»
Die ‹Alten› schienen das zu kennen. 15 Islandpferde kamen immer dichter auf Troilus zu. Grohne-Wilte guckte nach rechts, nach links, versuchte auszuweichen, kein Platz, überall Ponys, und die kamen immer näher.
«Könnt ihr nicht Abstand halten?!», rief er.
So etwas war er nicht gewöhnt. Auf dem Ulmenhof hielt man immer eine Pferdelänge Abstand.
«Wir geleiten Sie zum Hänger», sagte Sven sehr freundlich. «Dass er bloß nicht wieder abhaut.»
«Oder», sagte Isa, «sind Sie wirklich sicher, dass er sich führen lässt? Noch mal schaffen wir das nämlich nicht.»
Auch Theres musste sich jetzt das Grinsen verbeißen. Der immer überlegene Grohne-Wilte, vor dem sie solche Angst gehabt hatte! Da fragte ihn Isa, ob er sein eigenes Pferd führen konnte. Und Theres stürzte sich mit Bjalla mitten in das Pony-Gewühl. So wälzte sich die Pferdemasse langsam auf den Parkplatz zu, Körper an Körper, Nase an Kruppe, Schweif an Flanke, das wogte und zappelte, herausragend ein einziges sehr großes Pferd, und, hilfloses Treibgut in der

Pferdemasse, ein einziger Mensch zu Fuß. Aber keines der Ponys schlug, Troilus auch nicht. Das Einzige, was zertreten und vertrampelt wurde, war das Flatterband.

Sie erreichten den Parkplatz. Hermann stand bereit und ließ die Hängerklappe herunter. Die Isländer flankierten die Rampe und bildeten eine Gasse. Troilus lief ohne Widerspruch in den Hänger.

«So was», murmelte Grohne-Wilte, «so was.»

«Passen Sie auf, dass er nie wieder abhaut», sagte Sven. «Ich weiß nicht, ob wir die Nummer wiederholen können. Es verabschieden sich nach erfolgreichem Einsatz: Tjaldur, Hrimfaxi, Odin, Hlidar, Blesi, Sokki, Kari, Stjarni, Bjalla, Gletta, Katur, Garpur, Hjalti, Moy, Skuggi, Dögun, Glana, Hremsa, Vindfaxi, Gustur, Mana, Skessa, Rökkvi – hab ich einen vergessen?»

«Alsvidur», sagte Isa, «auf dem sitzt du.»

Sie ritten zurück und saßen ab. Theres sah, wie Bettina ihrem Pony sachte über den Hals strich. Grohne-Wilte bedankte sich sehr förmlich. Renas Grinsen war allen sichtbar, Bettinas nur denen, die sie gut kannten. Zu denen allerdings gehörte Grohne-Wilte. Die Rappenhofreiter schauten dem Landrover mit dem Hänger nach.

«Ich weiß nicht», sagte Isa, «ob wir uns damit nun wirklich beliebt gemacht haben? Und wir wollten doch nett zu ihnen sein. Aber es hat mich einfach gejuckt.»

«Bettina fand das toll», behauptete Jana.

«Glaubst du?»

Jana nickte: «Und Grohne-Wilte vielleicht auch. Ich weiß nicht. Er kann auch anders sein.»

«Das haben wir erlebt», bestätigte Felix.

Und dann ein Abschied. Nicht zu fassen, dass ein Tag wie dieser mit einem Abschied enden konnte!
Die um mindestens 10 Pfund schwerere Theres sattelte Bjalla ab, wusch ihre Trense, kratzte ihr die Hufe aus, massierte ihr die Sattellage, kämmte ihr die helle Mähne, entzauste ein paar Schweifhaare, gab ihr das Kraftfutter und eine Möhre und einen Apfel und eine Möhre …
«He, Theres», sagte Isa, «wir haben Heu verteilt. Du musst Bjalla jetzt zu den anderen lassen.»
«Wann», fragte Theres, «wann kommen denn die Leute, die sie gekauft haben?»
Isa wich ihrem Blick aus. Theres spürte, sie wollte ihr keine Antwort geben.
«Also morgen?», flüsterte Theres. «Morgen?»
Aber Isa schaute sie nicht an.
Also morgen, dachte Theres. Na toll. Morgen bekomme ich ein Pferd, das ich sicher gern haben werde. Und ich verliere eins, das ich liebe. Na toll.
Als sie abends im Bett lag, stand das juwelartige Fläschchen mit der Aufschrift: ‹Western Dancer xx II b› nicht zwischen den springenden Porzellanpferden auf ihrem Regal. Sie war die wütende Besitzerin des berühmtesten Vollbluthengstes aller Zeiten in Form eines tiefgefrorenen Zellklumpens in Chicago. Verloren hatte sie eine kleine gelbrote Fuchsfalbstute mit sahniger Mähne. Gefunden hatte sie einen Zettel, der aus einem Terminplaner gerissen war und der einem anderen so sehr ähnlich sah. Für den brauchte sie einen besonderen Platz. Das Geheimfach in ihrem Schreibtisch! Das war ja leer. Endlich hatte sie eine Verwendung für das kleine Geheimfach in ihrem Schreibtisch.

So ging er zu Ende: der letzte Tag ihres Lebens ohne eigenes Pferd. Abschied von einer Sehnsucht?
Der Zettel im Geheimfach machte eine Sehnsucht tief innen im Bauch. Und der Gedanke an Bjalla? Ach, überall.

3 VOLLSTÄNDIG

Am nächsten Morgen lag Theres sinnlos lange im Bett. Es war Samstag, keine Schule, sie sollte aufstehen und ihr Pferd entgegennehmen. Aber sie döste und dachte nach. Wie würde die Mutter es ihr überreichen? Lag die Stammtafel des Pferdes mit dem Kaufvertrag neben ihrer Müslischale? Mögen Pferdestammtafeln Bio-Müsli, garantiert ohne Schadstoffe? Konnte sie also mit ihrem neuen Besitzanspruch das Frühstück teilen? Vielleicht hatte die Mutter auch ein Foto machen lassen, und Theres musste ihr Pony erkennen. Himmel, das war gar nicht so einfach! Die vielen mehr oder weniger schwarzen konnte sie immer noch nicht auseinanderhalten. Möglicherweise würde sie das Foto nehmen und sagen: «Katur!», und dann war es Gladur. Nur Stjarni, den würde sie erkennen, ohne Zweifel, aber Stjarni würde es nicht sein.

Zögernd wälzte sie sich aus dem Bett.

Die Treppe hinunter zum Esszimmer ging sie durch bunte Segel. Das war der diesjährige Ausbruchversuch ihrer Mutter: segeln wollte sie, ein Segelboot kaufen und auf dem See kreuzen, hin und her, wie sie früher einmal auf dem Meer gesegelt war. Theres wunderte sich immer, dass ihre ängstliche Mutter so etwas einmal getan hatte. Für das Segelboot wollte sie ein Spinnakersegel haben, bunt, und sie hatte Muster anfertigen lassen, die hingen jetzt rot, blau und sonnengelb um die Treppe herum. Theres mochte sie. Sie brachten Farbe ins Haus und sahen ein wenig nach Abenteuer aus, nur nicht zu viel.

Ihre Mutter saß am Frühstückstisch und strahlte.

Glückwunsch, Küsschen, Gesundheit, vor allem Gesundheit, und so weiter und so weiter …

Neben der Müslischale lag ein kleines Päckchen. Theres erschrak tief. Es sah ganz ähnlich aus wie jenes andere, das gestern früh mit der Post gekommen war.

Nicht noch einen teuersten Klon aller Zeiten, dachte sie entsetzt.

Sie hob das Päckchen auf. Es war leicht. Frau Rohner nahm ihre Hand und bewegte sie ein wenig hin und her. Theres hörte ein feines fernes Bimmeln. Das machte sie ganz aufgeregt, noch aufgeregter, als sie ohnehin schon war. Sie wusste nicht warum. Vorsichtig löste sie das Goldband, dann den Tesafilm. Obwohl bei Rohners Geschenkpapier nicht zweimal benutzt wurde, hatten sie beide die Angewohnheit, es niemals beim Auspacken zu zerreißen. Je mehr sie daran herumfummelte und auspackte, desto deutlicher wurde das Bimmeln. Zwei Schmuckkästchen. Was sollte sie damit? Sie hatte genügend Schmuck, den sie nie trug. Sie zögerte, aber sie musste das ja wohl öffnen. Ein goldenes Glöckchen an goldener Kette in dem einen, zwei silberne Glöckchen – Ohrringe – in dem anderen. Und genauso fern wie aus dem verschlossenen Paket fing in Theres' Kopf etwas an zu läuten. Ihre Mutter strahlte. Das musste wirklich eine Riesenfreude sein, die sie ihr da machte, eine Riesenüberraschung. Das Läuten in Theres' Kopf wurde lauter, ihr Schädel fühlte sich an wie eine Glocke, in der ein Klöppel schlug, hin und her – bis sie endlich begriff: Bjalla – das Glöckchen.

«Gold für das Fell, Silber für Mähne und Schweif», sagte Frau Rohner.

Theres sank auf ihren Stuhl und weinte.

Ihre Mutter war nicht überrascht, auch nicht enttäuscht. Wenn etwas gar zu schön, ganz unerträglich schön war, dann musste man weinen. Das ging ihr selber auch nicht anders. So dauerte es eine Weile, bis Theres zu den angemessenen Reaktionen in der Lage war: Danke! und Küsschen und Danke! Und – und die Frage:

«Aber Bjalla ist doch verkauft?»

«Natürlich. Ich habe sie sofort gekauft, als ich merkte, das ist das richtige Pferd für dich. Ich hab es dir nicht gesagt, weil es doch eine Überraschung sein sollte. Dass du ein Pferd bekommst, wusstest du ja, das wäre keine Überraschung gewesen.»

Theres hätte keine Überraschung gebraucht, um diese Freude zu steigern: Bjalla!

«Fährst du mich zum Stall?»
«Willst du nicht frühstücken? Hör mal, du musst jetzt jeden Tag reiten. Du brauchst Kraft. Und ein bisschen Stallarbeit erwartet man auch von dir. Ich zahle nur den ganz normalen Pensionspreis. Und der ist so berechnet, dass du auch mal einen Mistkarre schiebst. Jetzt sieh mal zu, dass du mehr wiegst als eine Mistkarre.»
Die zehn Pfund, die Theres gestern gewichtiger geworden war, sah man ihr ja nicht an. Sie verschlang ihr Müsli und aß sogar mehr als sonst.
Bevor sie zum Rappenhof fuhren, kam Jana und gab ihr ein Päckchen, das aussah wie ein großes Buch.
«Und?», fragte sie. «Welches?»
«Bjalla!»
Theres war so glücklich, dass Jana sich mit ihr freute.
Was sie auspackte, war kein Buch, sondern ein Bilderrahmen, anstelle des Bildes ein ‹Gutschein für Profifotos von Deinem Pferd›.
Janas Vater war nämlich Journalist und ein sehr guter Fotograf.
«Ich konnte das noch nicht mit ihm machen. Wir wussten ja nicht, welches Pferd. Isa hat uns nichts gesagt.»
Jemand anders aber hatte es gewusst. Das erfuhren sie, als sie bald darauf am Rappenhof ankamen, gleich auf dem Parkplatz. Da war schon Alberta mit einem Päckchen. Es hatte dasselbe Format wie Janas. Und es war auch dasselbe. Fast. Es war das Gegenstück: kein Bilderrahmen ohne Bild, sondern ein Bild ohne Bilderrahmen. Aber es war kein Foto von Bjalla.
Alberta nämlich war eine wilde Leserin. Alle Bibliotheken

der Gegend hatte sie nach Pferdebüchern abgegrast, die Regale waren kahl gefressen, da fand sich kein Blatt mehr, auf dem das Wort ‹Pferd› stand und das sie noch nicht gelesen hatte. So hatte sie auf dem Rappenhof ihre gesamte Freizeit – wenn nicht im Stall – mit den Bücherkisten von Sven und Isa in einem noch völlig leeren Raum verbracht. Die hatten alles über Islandpferde! Und in den Zuchtbüchern hatte Alberta etwas gefunden, wovon sogar Sven und Isa nichts gewusst hatten. Es war das Foto einer Zuchtschau in Island, der Text war isländisch, aber sie hatte den Namen entdeckt, Bjalla, und Sven gefragt: Ist das unsere, ist es Theres' Bjalla? Ja, sie war es, Bjalla fünfjährig in Island mit ihrem Fohlen bei Fuß. Dieses Foto hatte Alberta für Theres kopieren lassen, und für mehr reichte ihr Geld nicht.

Theres stand betroffen mit dem Foto in der Hand.

«Bjalla hat ein Fohlen?»

«Ja, in Island.»

Theres schaute ihre Mutter an.

«Können wir es besuchen? Es muss jetzt sechs sein.»

Frau Rohner sagte: «Vielleicht. Du bekommst noch einen Sattel. Bjallas Sattel wollten sie behalten, weil er einem anderen Pferd auch gut passt. Und ein neues Halfter kriegst du auch. Ich habe eins bestellt, genau in Bjallas Fellfarbe.»

Dann fuhr sie zurück.

Theres hätte Bjalla jetzt gern zum Putzplatz geholt, sie musste niemanden mehr fragen, das war ihr Pferd. Aber es gab noch andere Gesetze. Die Pferde waren noch bei ihrem Frühstück auf der Weide.

Sie gingen zum Stall. Isa und Sven sammelten Mist ab. Es halfen ihnen zwei Mädchen von den ‹Alten›, das waren Laura

und Carolin. Alberta griff sofort nach dem letzten Mistboy, Isa aber, als sie Theres sah, überreichte ihr das dritte Geschenk im selben Format, diesmal vollständig, Bilderrahmen mit Inhalt, aber kein Foto, sondern ein Spruch.
«Das bekommen alle, die bei uns Pferde kaufen», sagte Isa.
Theres, Jana und Alberta schauten auf die Zeilen.
«Und? Hat es schon mal jemand lesen können?», fragte Jana.
Sie buchstabierten ziemlich hilflos:

Forlög thjódar, fáks og manns
fótspor saman undu;
Islending og hestins hans
heilleastrengjum bundu.

Sven, ohne ihnen den Spruch aus den Händen zu nehmen, sprach flüssig und auswendig dieselben Worte. Jana starrte ihn an.
«Du bist Isländer!», sagte sie.
Sven nickte. «Aber nur ein halber», erklärte er.
«Und – was heißt das auf Deutsch?»
Isa übersetzte:

«Gleiches Schicksal widerfährt
Mann und Ross im Lande.
Es knüpfen Isländer und Pferd
glückdurchwirkte Bande.

Und das ist es, was wir dir wünschen. Das soll dich mit Bjalla verbinden: glückdurchwirkte Bande.»

«Pferdefrühstück zu Ende», sagte Sven. «Wir müssen die Ponys reinholen.»
Das war immer ein Fest. Sie umkreisten die Herde, die auf der Weide graste, und trieben sie zurück. Mit sieben Menschen und drei Hunden war das keine Problem. Die berüchtigten Ausreißer, der Schecke Skuggi und Vindfaxi, sein windfarbener Freund, hatten diesmal keine Chance, ihre Extrarunde zu drehen. Die Hunde jagten mitten in die Pferde hinein, aber Theres hatte keine Angst mehr um ihre Barana. Es sah nur so aus, als würden die Ponys treten und schlagen, sie trafen die Hunde nicht. So erreichten sie den Treibgang zwischen den Elektrobändern, der sie zum Stall führte. Sven versperrte ihnen den Weg zurück zur Weide.
«Danke», sagte er, «das ging ja mal schnell.»
«Du, Isa», sagte Theres, «du hast es mir eigentlich erzählen wollen, ich meine, dass ich doch Bjalla bekomme, ja? Das war es, was du gestern sagen wolltest und nicht durftest.»
Isa wollte nicht gern antworten.
«Ich weiß schon», sagte Theres, «das war wieder so eine Idee von meiner Mutter. Sie meint es nicht bös, im Gegenteil, sie wollte mir eine Freude machen. Sie versteht nicht, wie mich das gequält hat. Überraschung! Wozu braucht man noch eine Überraschung, wenn man sein Pferd bekommt.»
«Deine Mutter hätte dir nie ein anderes Pferd gekauft», erklärte Isa. «Sie ist oft gekommen, wenn du in der Schule warst, und hat Bjalla beobachtet. Es ging hier nur darum, dir ein Pferd zu kaufen, bei dem deine Mutter keine Angst um dich hat. Was für ein Glück, dass du genau dieses Pferd haben wolltest. Bjalla ist etwas ganz Besonderes. Sie ist absolut zuverlässig, sehr folgsam und dabei auch ungeheuer spritzig

und peppig. Das ist sogar unter Isländern selten. Ich kenne außer Bjalla da nur noch Svala. Die ist auch so.»
«Wer ist Svala?», fragte Theres.
«Christinas Pferd. Ihr werdet sie kennenlernen.»
«Christina kommt?», fragte Laura.
«Ja. Wusstest du das nicht? Sie kommt zum Scheunenlager. In den Herbstferien.»
«Wer ist Christina?», fragte Jana.
«Die ist total nett», sagte Laura. «Bringt sie Svala mit?»
«Natürlich», sagte Isa. «Ohne Svala ist Christina – na ja – noch viel weniger als Theres ohne Bjalla. Das weißt du doch.»

Den Geburtstag feierten sie am Nachmittag auf dem Rappenhof. Der Rundumbeschlag war komplett anwesend. Eine Aufregung stand Theres noch bevor. Das war, als sie am Abend das Geschenk von Felix auspackte. Ein Terminplaner! ‹Weil du von nun an mit deinem Pferd viele Termine haben wirst: Reitstunden, Schmied, Wurmkuren … Damit du das alles nicht durcheinanderbringst›, hatte er dazugeschrieben.
Wie nützlich! Eine gute Idee. Eigentlich nicht aufregend. Für Theres aber doch. Ein Terminplaner! Also war es so: Felix hatte immer was mit Terminplanern. Theres trug zunächst keine Termine ein. Sie holte den Zettel aus dem Geheimfach ihres Schreibtischs, den Spickzettel für eine Englischarbeit mit Felix' Handschrift. Und den legte sie in sein Geschenk. Denn den anderen Zettel, der aus einem Terminplaner gerissen war, hatte sie ja nicht. Den hatte Taggy zerknautscht und wieder in seine Tasche gesteckt. Aber sie hatte ihn gelesen. Und nicht vergessen, was darauf

stand. Theres verbarg Felix' Geschenk in ihrem Geheimfach. Terminplaner hatte sie genug.

Eine Woche später – es war wieder Samstag – stand Theres am Morgen im Badezimmer, in der Hand ihre Schlafanzughose mit Blutflecken. Sie überlegte, ob sie die Hose einfach in den Wäschekorb werfen sollte. Sie konnte es der Mutter sagen, sie warteten beide darauf, so lange schon. Aber dann rief sie doch:

«Mama! Kommst du mal!»

Sie musste es ihr zeigen. Denn das war nun gültig. Unwiderruflich!

Ihre Mutter kam und schaute auf die Flecken, und sie reagierte großartig, sie sagte nichts mit ‹Na›.

Nicht: ‹Na endlich!›, nicht ‹Na also!›, nicht ‹Na, siehst du!› Sie schaute und lächelte Theres an, und was sie schließlich sagte, war: «Hast du Schmerzen?»

Theres schüttelte den Kopf: «Ich hab's gar nicht gemerkt.»

«Kein Bauchweh, kein Kopfweh», sagte Frau Rohner. «Dass es so sanft kommt. Du hast alles, was du dafür brauchst.»

Ja, das hatte sie. Theres ging zurück in ihr Zimmer. Sie spürte ein leichtes Ziehen im Bauch, aber keinen Schmerz. Was sie statt dessen fühlte, war etwas, das sie ganz ausfüllte, der Gedanke: Ich bin vollständig.

In ihrem Papierkorb lag noch der Brief des Vaters zusammen mit dem Foto ihres Super-Rennpferdes. An den Wänden in ihrem Zimmer war kein Platz für Western Dancer. Da hingen jetzt Fotos von Bjalla, eins von Bjallas Fohlen und der isländische Spruch, der ihr wünschte, dass ein glückdurchwirktes Band sie auf immer mit Bjalla verbinde.

Ausleeren, dachte sie, obwohl der Papierkorb noch lange nicht voll war. Ab in den Müll mit dem Fläschchen. Der quälende Gedanke, ihre Eltern könnten sie im Reagenzglas gezeugt haben, war nur noch Restmüll. Sie war kein Laborgeschöpf und folglich kein nahezu lebloses und geschlechtsloses Wesen. Sie war vollständig.

Die Mutter brachte ihr das Telefon.

«Für dich», sagte sie, «Felix.»

Ausgerechnet Felix. Und ausgerechnet jetzt. Kann ein vollständiger Mensch noch vollständiger werden? Und Felix kam mit einem Vorschlag, der geradezu verboten schön war, beides, schön war er und verboten war er auch.

«Ich darf heute mit Fantasy ausreiten», sagte er. «Allein. Andreas erlaubt mir fast alles, solange ich keinen Scheiß baue, und das mach ich ja nicht. Jetzt müsste nur noch Fantasy Dolly sein, dann wäre alles perfekt.»

Fantasy war nicht Dolly und würde für ihn niemals werden, was Dolly gewesen war. Seine geliebte Trakehnerstute Dolly war verkauft. Er hatte sie verloren.

«Ja, was ich dich fragen wollte, wir könnten uns doch treffen. Ich find es schon schade, dass unser Rundumbeschlag nicht mehr komplett ist, und ich glaube nicht, dass ich zu den Isländern gehen will. Aber beim Ausreiten können wir uns doch treffen. Du hast dein Pferd. Wir können beide mit unseren Pferden machen, was wir wollen. Also treffen wir uns beim alten Gutshof. Das ist vom Ulmenhof und vom Rappenhof ungefähr gleich weit.»

Ganz so war das nicht. Theres konnte mit ihrem Pferd keineswegs machen, was sie wollte. Sie hatte ihrer Mutter versprochen, nicht allein auszureiten. Aber galt das noch? War sie nicht in der Nacht ein bedeutendes Stück erwachsener geworden? War sie noch dieselbe Tochter, die der Mutter dieses Versprechen gegeben hatte? Sie fühlte sich neu.

Lieber nicht fragen, dachte sie.

«Wann?», fragte sie.

Sie musste am Abend noch Querflöte üben.

«Gleich nach dem Mittagessen», schlug Felix vor.

Und Theres schwebte die Treppe hinunter, nein, sie segelte, bunte Muster für Spinnakersegel hingen da genug und frischen Wind brachte sie selber.

Ein wenig hinterhältig kam sie sich schon vor, als ihre Mutter sie zur Reitschule fuhr, aber das vergaß sie bald, denn sie hatten Jana im Auto. Jana wohnte schräg gegenüber und fuhr immer mit ihnen. Wenn sie nicht stattdessen zum Ulmenhof radelte. Theres hing verdreht auf dem Beifahrersitz und schaute zu Jana.

Sie ist traurig, dachte sie. Wie kann ich sie glücklich machen?

«Warte nur, beim Scheunenlager wirst du deinen Isländer finden», sagte sie, «bestimmt!»

Jana zuckte die Achseln: «Ich weiß noch nicht, ob ich überhaupt mitmache. ich wollte eigentlich in den Herbstferien Askan besuchen.»

Askan – er fehlte ihr so sehr. So sehr, wie Felix Dolly fehlte. Vielleicht noch mehr? Felix durfte Fantasy reiten. Jana hatte ihr Pflegepferd verloren und kein anderes bekommen.

«Ja», sagte Theres, «ich verstehe das, aber vielleicht ist es nicht gut, wenn du zu ihm fährst. Das macht dich doch nur noch trauriger. Und ihn vielleicht auch.»

Jana nickte.

«Meine Mutter sagt auch, ich soll den Reitkurs machen und mir einen Isländer aussuchen. Ich bekomme wieder eine Reitbeteiligung. Und ich will ja bei euch sein, bei dir und Alberta, aber … Weißt du, der Unterschied zwischen uns ist, ich bin auf dem Ulmenhof glücklich gewesen. Du nicht.»
Jana liebte den Ulmenhof. Und sie mochte Bettina. Sehr.
«Kommst du denn klar mit Bettina?», fragte Theres.
Da wurde Janas Gesicht ganz starr.
«Überhaupt nicht», sagte sie, «die schnauzt mich nur an. Und ich kann nicht weggehen, so. Wenn ich weggehe, will ich, dass – dass – wenn ich Bettina mal auf der Straße treffe, ich mich freue – und sie sich auch.»
Das würde schwer sein. Sie wussten es beide.
Sie fuhren auf den Parkplatz vom Rappenhof.
«Ich muss dich ja leider heute um fünf wieder abholen», sagte Frau Rohner.
Querflöte! Theres hasste die Musikstunde. Am Klavier war sie schon gescheitert. Mit der Querflöte ging es ihr nicht viel besser.
Es war noch ziemlich früh. Sven und Isa arbeiteten an ihrer neuen Wohnung, verlegten Teppiche, kachelten das Bad, sie hatten zu tun. Alberta war im Stall und sammelte Mist ab. Jana schnappte sich wortlos einen Mistboy.
«Ich helfe später», sagte Theres. «Ich geh erst mit Bjalla ins Gelände.»
«Allein?», fragte Alberta. «Darfst du das?»
«Wer soll mir das verbieten?»
«Deine Mutter? Erlaubt sie das?»
«Sie hat keine Angst, wenn ich Bjalla reite. Aber ihr müsst es ihr ja nicht erzählen.»

Sie ging zu Bjalla in den Paddock. Barana lief ihr voraus. Schon hatte die Hündin begriffen, welches von den vielen Pferden nun zur Familie gehörte. Sie begrüßte Bjalla und kein anderes Pony. Sie stand auf den Hinterbeinen und leckte Bjallas Nase.

Theres holte den neuen Sattel. Das war ein Fest gewesen, als der Sattel kam! Isa hatte eine Kollektion Sättel zur Auswahl bestellt. Ein großes Reitsportgeschäft hatte einen Wagen mit Sätteln geschickt. Theres konnte sich also den schönsten aussuchen: hellbraun hatte sie gewählt mit etwas dunklerem Wildlederbesatz. Und mit dem Steigbügelriemen unter dem Sattelblatt! Wie angenehm das am Bein war! Genauso passend war Bjallas neues Halfter. Man sah fast nichts davon, wenn sie es trug, rundgenähtes Leder, Spezialanfertigung in ihrer Fellfarbe.

Theres schaute auf die Uhr. Gleich halb drei. Um drei war eine Reitstunde. Bald würde Isa kommen. Bis dahin wollte sie weg sein. Jana und Alberta kamen zu ihr.

«Sollen wir Barana nehmen?», fragte Alberta.

Theres schüttelte den Kopf.

«Sie darf mitkommen.»

«Wohin reitest du? Vielleicht solltest du das sagen? Falls du dich verirrst.»

«Warum? Wenn ich mich verreite, nützt es euch nichts, wenn ihr wisst, wo ich eigentlich hinwollte.»

Warum sagte sie es nicht? Sie hätte doch sagen können: Ich reite zum Gutshof und treffe da Felix.

«Und wie lange willst du wegbleiben?»

Theres zuckte die Achseln. Ihre Hände fingen an zu flattern. Sie schnallte das Reithalfter ins falsche Loch, sie brachte die

Schnappschnalle ihres Helmes nicht zu, sie fummelte am Sattel herum und wollte die Steigbügel verstellen. Das war Unsinn, ihre Länge war eingestellt.
«Das Wetter ist so schön», sagte sie. «Bis jetzt hat es immer geregnet, seit ich Bjalla habe.»
Das stimmte nicht. Seit ihrem Geburtstag hatte es nicht mehr geregnet, und es war so warm geworden, dass Isa die Pflegemittel für die Sommerekzemer wieder bereitgestellt hatte. Einige der Isländer reagierten allergisch auf die winzigen Kriebelmücken, aber es waren bis jetzt kaum Insekten gekommen.
«Und bald ist Winter», behauptete Theres, «jetzt lasst mich diesen Tag mit meinem Pony genießen.»
Und sie stieg auf.
Theres allein mit Pferd und Hund im Wald. Konnte das gelingen? Würden ihr die Tiere überhaupt gehorchen?
Ein leichter Schenkeldruck, und Bjalla ging auf den Feldweg. Ein leiser Ruf: «Barana!», und die Hündin folgte ihr begeistert.
Theres allein mit Pferd und Hund im Wald! Angst? Kein bisschen. Bei jedem Ausritt mit Bettina hatte sie mehr Angst gehabt.
Alles war neu: der Weg, den sie selber auswählen musste; die Bäume, die rechts und links neben ihr standen, und keine anderen Pferde dazwischen, der Wind, der ihr entgegenblies, mitten ins Gesicht, kein Rücken vor ihr hielt ihn von ihr ab.
Mein Pferd, mein Hund und ich.
Das miese Gefühl, die Mutter hintergangen zu haben und auch Jana und Alberta, blieb mit jedem Schritt weiter hinter

ihr zurück, Bjallas Schweif vertrieb es mit den letzten Mücken.
Und sie hatte ein Ziel. Sie war das erste Mal mit einem Jungen verabredet. Und sie trafen sich nicht mit Fahrrädern am Narrenbrunnen oder so etwas Ähnliches. Sie ritten aufeinander zu, Theres mit der feinen hellen Falbfuchsstute, Felix mit der tiefschwarzen Halbblutstute, und treffen würden sie sich auf dem alten, halb verfallenen Gutshof. Romantischer ging es nicht.
Musste sie hier schon nach rechts? Den Hauptweg verlassen und in den schmaleren Waldweg einbiegen, der leicht abwärts führte? Nein, hier noch nicht. Dieser Weg machte einen Bogen und führte zurück zum Rappenhof. Sie ritt weiter bergauf und ließ Bjalla traben. Durch den Laubwald schien die Herbstsonne. Bjallas kleine harte Hufe traten auf die Schatten der Blätter. Dieser Weg nach rechts? Der Baum am Abzweig trug ein Wanderwegzeichen. Nahe dem Ulmenhof hatte sie ein gleiches gesehen. Und über den Gutshof führte ein Wanderweg. Theres ritt nach rechts. Nun durfte Bjalla tölten. Aber da blieb sie so plötzlich stehen, dass Theres nach vorn geworfen wurde. Eine Pfütze! Mitten auf dem Weg eine letzte große Pfütze aus der Regenzeit.
«Komm, Bjalla.»
Aber ihr folgsames Pferd verweigerte den Gehorsam.
Hat Sven erzählt, fiel ihr ein, echte Islandpferde gehen in einen wilden Fluss, aber nicht durch eine Pfütze. Könnte ein Moorloch sein.
Theres ritt um die Pfütze herum. Auch nach sechs Jahren in Deutschland konnte Bjalla noch nicht glauben, dass es hier keine Moorlöcher gab.

Als Theres aus dem Wald kam, sah sie den Gutshof. Langsam, im Schritt, ging sie hinunter.

‹Der Reiter ist der Sonne näher›, das sagten sie immer auf dem Ulmenhof, und obwohl die Pferde dort viel größer waren, fühlte Theres sich auf dem kleinen Isländer der Sonne sehr viel näher.

Von Felix war nichts zu sehen. Sie ritt in den Innenhof. Der Platz war gepflastert mit alten Steinplatten, aber bedeckt von Staub und den Blättern, die ein Kastanienbaum mitten im Hof im Laufe der Jahre verloren hatte. Theres gegenüber lag das Wohnhaus mit der breiten Steintreppe, rechts die Ställe, links die Remise, in der einmal die Kutschen gewesen waren. Gedämpft von Staub und Blättern klapperten Bjallas Hufe über den Hof, der Klang zurückgeworfen von den stillen Wänden an leeren Gebäuden. Theres hatte Bjalla die Zügel ganz hingegeben.

«Felix?», rief sie.

Sie ritt um die Kastanie zum Wohnhaus, wendete zum Stall – und da fiel ihr auf, wie sie ihr Pferd lenkte, nur mit leichter Verlagerung ihres leichten Gewichts. Bjalla ging zu den Stallungen, zur Remise – kein Felix –, das hatte Theres gemerkt, trotzdem ritt sie noch ein paarmal hin und her und genoss die lockeren Wendungen ihres Ponys hier allein in dem alten Hof.

Dann ritt sie hinaus, Richtung Ulmenhof, über die Hochebene Felix entgegen. Sie erreichte den Waldrand. Kam da ein Pferd? Sie hörte es kaum und sah es nicht. Das Gelände fiel hier steil ab und es war finster im Tannenwald, der Weg, übersät mit Tannennadeln, verschluckte den Hufschlag fast ganz, ihre Augen gewöhnten sich an das Dunkel, sie erkannte Felix' hellen Pulli, den schwarzen Körper seines Pferdes konnte sie kaum erahnen. Und dann sprangen sie ins Licht. Felix blinzelte.

«Hallo, da bist du ja», sagte er.

Ein paar Meter ritten sie schweigend nebeneinander. Dann schlug Felix vor: «Langsamer Canter bis zum Hof?»

«Wenn du langsam galoppierst, kann ich tölten.»

«Glaubst du?»

Er galoppierte an. Bjalla neben der größeren Halbblutstute hielt mühelos das Tempo im Tölt.

«Ist ja irre», sagte Felix.

Theres lachte und ließ ihre Stute schneller treten.

«He!», rief Felix, aber natürlich war er im Galopp sofort wieder gleichauf.

Ihre Köpfe waren sich so nah. Dabei war Bjalla doch sehr viel kleiner. Aber Felix ritt im leichten Sitz, nach vorn gebeugt, Theres dagegen konnte vollkommen aufrecht und gerade sitzen. Felix' Kinn war nur wenig über ihren Augen. War das sein Atem, was sie an den Schläfen spürte? Oder war es der Wind?

Theres kitzelte Bjalla mit der Gerte am Hinterbein, das hieß: starkes Tempo Tölt. Sie ließen Felix' Gesicht zurück. Der Wind, nur noch der Wind an Theres' Schläfen war weniger warm. Und dann war er wieder da, der etwas wärmere Hauch. Starkes Tempo Tölt. Da musste die schwarze Tochter eines Vollblüters schon etwas mehr zeigen als einen langsamen Canter.

Sie jagten bis in den Hof und brachten leicht ihre Pferde zum Stehen.

«Ist ja irre», sagte Felix. «Ich möchte schon mal Tölt reiten.»

«Kannst du haben», sagte Theres und sprang ab.

«Erst trockenführen», sagte Felix.

Schweigend drehten sie einige Runden im weiten Kreis um die Kastanie. Dann schlug Felix vor: «Wenn wir das Tor schließen, können wir die Pferde hier laufen lassen. Aber ich trau mich nicht. Die beiden kennen sich nicht.»

«Willst du nicht Bjalla reiten?»

«Will ich schon, aber ich darf dir Fantasy nicht geben, ich darf sie niemand geben und will sie auch nicht allein lassen. Ich komm schon noch an einen Tölter. Ich hab noch etwas Geld, von meiner Arbeit bei meinem Tierarzt, vielleicht mache ich euren Reitkurs mit.»

Felix kommt doch, jubelte es in Theres, vielleicht kommt er doch.

«Würdest du Bjalla in eine Box stellen?», fragte er. «Dann könnte Fantasy hier frei laufen. Bjalla kann das doch den ganzen Tag.»

Theres suchte sich eine Box aus und hob den Sattel über eine der Anbindestangen, die noch einigermaßen stabil war. Fantasy wälzte sich, im Dreck, in den vermodernden Blättern, sie wälzte sich mit Genuss. Barana hüpfte kläffend um sie herum. Dann rieb Fantasy den Hals an der Kastanie.

Theres und Felix saßen auf der Steintreppe und schauten zu. Fantasy scharrte und sprang herum, besonders müde wirkte sie nicht. Sie jagte Barana mit tiefer Nase, und die Hündin flitzte ihr immer wieder zwischen Hals und Vorderbeinen durch.

Theres und Felix schauten zu.

Fantasy ging zu Bjalla. Die Stuten hielten die Nasen aneinander, prusteten, schnaubten, quietschten.

Theres und Felix schauten zu.
Fantasy stellte sich in den Schatten des Baumes, ließ den Kopf hängen, knickte ein Hinterbein ein, döste. Barana legte sich auf die kühle Steintreppe, eine Stufe unter Theres' Füßen.
Theres und Felix schauten zu.
So spannend ist ein dösendes Pferd nicht. Ein schlafender Hund auch nicht. Zuschauen lohnte sich nicht mehr. Sie sollten jetzt anfangen, etwas anderes zu machen. Was?
Sie schwiegen. Felix griff sich ein vertrocknetes Kastanienblatt und zerbröselte es zwischen den Fingern. Theres nahm sich auch ein Kastanienblatt.
«Sollen …», sagte sie, «sollen wir nicht mit den Pferden etwas grasen gehen?»
Schlecht! Das wollte sie nicht. Sie wollte hier mit Felix auf der Treppe sitzen bleiben und warten, bis er einen Arm um ihre Schultern legte.
«Können wir später noch machen. Oder musst du so bald zurück?»
Ja, dachte Theres und schüttelte den Kopf.
So schnell wird es nicht später. Sie spürte auf und unter der Haut, wie träge die Minuten dahinkrochen. Auf die Steinstufen rieselten zerbröselte Kastanienblätter wie der langsam wachsende Hügel einer Sanduhr.
«Magst du ein Tic Tac?», fragte Theres und holte aus der Tasche ihrer Reitweste die kleine Plastikschachtel mit den Pfefferminzbonbons. Sie schnippte den Deckel auf und rüttelte ein paar von den kurzen weißen Stäbchen in Felix' offene Jungenhand.
Was für eine Pfote, dachte sie, eine Hundewelpenpfote, während sie ein einzelnes Tic Tac in ihre schmale Hand

schnippte. Eine Pranke, eine Bärentatze. Und Sven sagte dazu: goldene Hände, der Junge reitet mit goldenen Händen.

«Willst du noch welche?»

Es war irgendwie furchtbar aufregend, in die Bärentatze Tic Tacs zu kippen und dabei zu denken: goldene Hände. Sie hätte die so gern in ihre genommen und geknetet wie einen Klumpen Ton.

«Willst du noch eins?»

Nun bekam er nur noch eins. Sie musste die restlichen Tic Tacs gut einteilen, damit sie noch möglichst oft so ein weißes Stäbchen in die Jungenpfote kullern lassen konnte. Sie wusste, was für Männerhände das werden würden. Nicht solche, wie ihr Vater hatte. Der hatte die feinen schmalen Managerhände. Aber vor ein paar Jahren hatte ihre Mutter mal einen Freund mit solchen Händen gehabt. Nicht lange, leider, Theres hatte ihn gemocht. Er war Bildhauer und seine ausgewachsenen Hundewelpenpfoten waren am Ton und am Stein goldene Hände gewesen.

«Willst du noch eins?»

Sie selber nahm keines mehr. Denn es war nur noch eines in der Schachtel, und sie erinnerte sich, wie die Hände des Bildhauers auf der Schulter ihrer Mutter gelegen hatten. Wie sie langsam – durch die Schwere des eigenen Gewichts? – hinuntergeglitten waren. Nein, nicht durch die Schwere des eigenen Gewichts, denn sie waren nicht gefallen. Sie änderten ihren Kurs, verließen den Arm, erreichten den Körper, streiften die Brust und ließen sich nieder auf der Hüfte – Theres spürte einen heißen Strom wie siedendes Wasser von ihrer Schulter durch den Körper fließen. Und Felix hatte sie noch nicht einmal berührt. Er zerbröselte

Kastanienblätter und kaute Tic Tacs, und sein Atem, wenn sie noch nebeneinander geritten wären wie vorhin, wäre jetzt leichter vom Wind zu unterscheiden gewesen, weil der Wind nicht nach Pfefferminz riecht.
«Willst du noch eins?»
Ihre Stimme klang etwas heiser, als hätte sie ein Hustenbonbon nötig. Oder ein Pfefferminz.
Aber die Tic Tac-Schachtel war leer. Während er weiter Blätter zerbröselte, drehte sie die leere Schachtel in den Händen.
«Jetzt hab ich keine Tölt-Kontrolle mehr», sagte sie.
«Keine was?»
«Tölt-Kontrolle. Ich hab diese Tic Tacs immer in der Tasche, weil sie mich korrigieren. Wenn ich trabe, klappern sie in der Tasche. Wenn ich tölte, dürfen sie nicht klappern. Sonst haben wir Taktfehler.»
«Ich habe deine Reitlehrerin gefressen!», grinste Felix.
Theres lachte: «Ich hab noch welche im Putzkasten.»
«Schade, dass man andere Reitlehrerinnen nicht so fressen kann», bedauerte Felix. «Bettina wäre fällig.»
«Kommst du auch nicht mit ihr klar?»
«Als ich den Troilus abgelehnt habe, war sie sauer. Aber seit sie mich am Rappenhof gesehen hat, ist sie ekelhaft. Ich nehm auch keine Reitstunden mehr. Eben darum hätte ich vielleicht das Geld für den Reitkurs bei euch.»
Solche Bemerkungen waren Theres immer sehr unangenehm. Natürlich könnte sie Felix den Reitkurs bezahlen, auch Alberta, aber die wollten das nicht. Felix stand auf.
«Ich glaube, wir sollten satteln. Wir lassen die Stuten noch ein bisschen grasen und reiten heim.»

Sie sattelten, ließen den Gurt locker und gingen auf dem Feldweg schweigend nebeneinander her, während die Pferde die Kräuter vom Wegrand rupften. Felix hatte Fantasy aufgezäumt, Theres jedoch trug die Trense über der Schulter. Bjalla lief frei.

Und irgendwann schaute Theres auf ihre Uhr. Fast halb fünf! Die Minuten waren nicht gekrochen, sie waren gerast! Um halb drei war sie losgeritten. Um fünf würde ihre Mutter kommen. Sie zog Bjallas Nase aus den Kräutern und schob ihr die Trense ins Maul.

«Ich muss los», sagte sie und zog den Sattelgurt an.

«Frag mal, ob sie noch einen Platz für mich beim Reitkurs haben», sagte Felix.

Theres nickte und saß auf.

«Treffen wir uns hier mal wieder?», fragte er.

«Bald. Barana! Bald!»

Sie galoppierte den Hügel hinauf. Aber bevor sie in den Wald eintauchte, drehte sie sich noch einmal um. Felix saß auf Fantasy und winkte.

Theres galoppierte weiter. Es ging leicht bergauf, der Weg war gut für einen Galopp. Bevor sie in den Hauptweg einbog, parierte sie durch und hörte Hufschlag. Isa kam mit ihrer Reitgruppe. Auch sie waren auf dem Rückweg zum Rappenhof. Theres wartete. Als Isa sie entdeckte, sah Theres Erleichterung und Zorn in ihrem Gesicht. Isa ließ die Gruppe halten.

«Was fällt dir ein!», sagte sie. «Ich habe deiner Mutter versprochen, dass ich dich nicht allein ausreiten lasse. Und dann so lange!»

Sie warf einen prüfenden Blick über Bjalla.

«Immerhin – gehetzt hast du sie nicht.»
Theres lenkte Bjalla neben Stjarni.
«Ich war nicht weit», sagte sie. «Nur bis zum Gutshof. Und da habe ich Felix getroffen. Da war ich auch nicht allein.»
«Warst du mit Felix verabredet?»
Theres zögerte. «Ja», sagte sie.
«Ich kann das nicht schlimm finden», gab Isa zu, «die paar Meter solltest du wirklich allein reiten dürfen, aber ich fürchte, deine Mutter sieht das anders.»
«Wirst du es ihr sagen?»
«Und wenn ich dir verspreche, es ihr nicht zu sagen, versprichst du mir dann, dass du nicht wieder allein wegreitest?»
«Auch nicht zum Gutshof? Wenn Felix da ist?»
«Erzähl es deiner Mutter. Ich werde ihr sagen, das ist nun wirklich ungefährlich. Und außerdem, ja, vielleicht entscheidet Jana sich doch für einen Isländer. Dann könnt ihr zusammen dahin reiten.»
Das will ich nicht, dachte Theres.
«Oder du reitest mit einem von den anderen Mädchen.»
Das will ich auch nicht, dachte Theres.
«Ich soll euch fragen, ob ihr in dem Reitkurs noch einen Platz für Felix frei hättet», sagte sie.
Isa schaute sie überrascht an und sah gleich viel besser gelaunt aus.
«Für Felix? Immer!»
Als die Gruppe den Rappenhof erreichte, stieg Frau Rohner gerade aus dem Auto.
Glück gehabt, dachte Theres. Ich komme mit der Gruppe zurück. Sie wird nicht fragen.

«Ich muss noch Bjalla versorgen», rief sie ihr zu.
Jana und Alberta warteten am Putzplatz.
«Mensch haben wir eine Angst um dich gehabt», sagte Jana.
«Ihr seid ja schlimmer als meine Mutter», sagte Theres.
Alberta hatte noch eine Information für Isa.
«Da hat eine Christina angerufen. Die kommt zum Reitkurs und fragt, ob sie ihr Pferd hier beschlagen lassen kann. Und wer die Hufe für den Schmied aufhalten kann.»
«Ich mach's!», rief Laura.
«Warum macht sie das nicht selber?», fragte Theres.
Sie bekam keine Antwort auf ihre Frage. Sie dachte auch nicht mehr daran. Ihr Kopf war voll mit glückdurchwirkten Gedanken, die nicht alle mit Bjalla zu tun hatten. Christina war kein Thema. Noch nicht.

4 RÜCKFAHRTEN – ZWEIMAL LIEBE UND ZURÜCK

5-Tage-Reitkurs.

Kurz zusammengefasst geschah Folgendes:

Am ersten Tag lernte Felix tölten, Jana nicht.

Am zweiten Tag lernte Natalie tölten, Jana nicht.

Am dritten Tag ritten Theres und Felix zum ersten Mal Rennpass, Jana nicht.

Und von da an gab es nur noch Pizza.

Am vierten Tag war das vorgesehen, denn Isa und Alberta hatten Pizza gebacken.

Aber am nächsten Tag gab es wieder Pizza. Niemand hatte Zeit zu kochen. Darum kaufte Frau Rohner Pizza beim Italiener. Aber niemand hatte Lust zu essen.

Montagmorgen sollte der Kurs beginnen, aber Isa und Sven hatten erlaubt, dass alle schon am Sonntagabend kamen. Frau Rohner brachte Theres, Jana und Felix, als es gerade anfing zu dämmern. Alberta war schon da. Ja, auch Alberta – sie waren komplett.

«Du kriegst Blesi», hatte Isa versprochen. «Und wir machen sowieso keine wilden Ausritte. Schon wegen Christina.»

Und zahlen konnte Alberta auch, vielmehr, sie arbeitete dafür. Nicht im Stall, da wurde sie nicht gebraucht, weil alle mithelfen mussten, aber Isa hatte vorgeschlagen: «Du kannst mir beim Kochen helfen. Das ist immer ein schrecklicher Stress. Ich bin froh, wenn mir jemand hilft.»

Alberta erwartete die anderen am Parkplatz. Theres sah sofort, dass sie etwas verunsichert war. Sie schleppten ihre Schlafsäcke und Taschen zunächst nur bis zum Schuppen neben dem Putzplatz, der als Sattelkammer hergerichtet war. Frau Rohner verabschiedete sich mit nur wenigen Ermahnungen: für diese Woche war ihre Tochter unter Aufsicht.

«Ist was?», fragte Jana Alberta.

Die nickte und sagte: «Natalie ist hier.»

Dabei schaute sie Jana prüfend an, denn es war Jana, die Natalie so gar nicht leiden konnte. Weil die eben hinter Felix her war – behauptete Jana.

«Natürlich», knurrte Jana, «das hätten wir uns ja denken konnen. Und wir haben geglaubt, wir wären sie los.»

Natalie stand am Paddock.

«Natürlich!», knurrte Jana. «Da wollen wir auch hin.»

Es war kurz vor dem Füttern. Die Ponys waren unruhig.

«Ist dieses sagenhafte Pony von dieser sagenhaften Christina schon da?», fragte Theres.

Alberta nickte. «Svala ist schwarz, richtig rabenschwarz, so schwarz ist nur Stjarni, sie sieht aus wie eine Schwester von Stjarni, aber sie sind nicht verwandt.»

«Isa hat gesagt, sie ist wie Bjalla, und sie ist eine Freundin von Bjalla», sagte Theres. «Ich hoffe, diese Christina ist wirklich nett. Hast du sie schon gesehen?»

Das hatte Alberta nicht.

Sie gingen zum Paddock. Vier Paar Augen suchten nach dem einen fremden Pferd in der Herde, aber nur Theres und Alberta kannten die Isländer schon gut genug, um eine Chance zu haben, Svala zu erkennen. Jana konnte es natürlich nicht lassen, Natalie anzugiften.

«Was machst du eigentlich hier? Bettina hat gesagt, du reitest nicht mehr.»

Natalie zuckte die Achseln. «Auf dem Ulmenhof reite ich nicht mehr. Ich bin woanders.»

«Hier?»

«Das geht dich doch nichts an. Oder?»

«Das geht mich schon was an. Wir sind vielleicht jetzt auch hier.»

«Und wenn ich nicht hier bin, dann interessiert es dich nicht?»

«Nein.»

«Also. Dann muss es nicht interessieren.»

Natalie wandte sich an Alberta.

«Weißt du, wie ich an Bücher über Isländer komme?»

«Frag Sven. Oder Isa.» Alberta drehte sich nicht um. Ihre Augen suchten die fremde schwarze Stute.

«Was willst du mit Büchern über Isländer, wenn du doch keine reitest?», fragte Jana.

«Ich mache hier den Reitkurs mit. Sonst reite ich nicht hier. Ich reite sonst – bei – im-im Club der schwarzen Pferde.»
«Rappenhof! Also doch hier!»
«Nein», Natalie schüttelte den Kopf. «Woanders. Wo Rappen wirklich richtig schwarz sind. Die sind ja gar nicht schwarz.»
Da hatte sie recht. Alle wunderten sich, was die Isländer (die Menschen) so alles Rappen nennen. Manche waren nur im Sommer schwarz, andere nur im Winter. Und wieder andere eigentlich überhaupt nicht.
«Da!», für Theres war es nicht schwer, Svala zu erkennen. Neben Bjalla stand ein unbekanntes Pferd. «Das muss sie sein. Sie ist wohl wirklich eine Freundin von Bjalla.»
Svala war den anderen Pferden nicht fremd. Vor einem Monat noch hatte sie in dieser Herde gelebt. Als der Rappenhof umzog, war sie bei Christina geblieben.
Diese Christina kriegt von Isa und Sven alles, dachte Theres.
Ihr hatten die beiden kein Pferd verkaufen wollen, wenn sie es nicht in einer Herde von Isländern halten konnte.
Albertas Augen hingen an Svala.
«Sie ist schön», sagte sie.
Selbst in dem schon ziemlich dicken Winterpelz sah Svala zart aus, vor allem ihr feiner Kopf mit den schmalen Nüstern.
Und Alberta wusste: Svala heißt Schwalbe. Das passt.
Hoffentlich ist diese Christina wirklich so nett, dass sie dieses Pferd verdient, dachte Theres.
Irgendwie war sie sich da nicht ganz sicher.
Isa kam und sagte: «Schön, dass ihr da seid. Die anderen

sind drin und klönen mit Christina. Die haben sich so lange nicht gesehen. Helft ihr füttern?»
Das taten sie, und so kam es, dass sie die Scheune, in der sie essen und schlafen würden, erst betraten, als es schon dunkel war.
Die anderen saßen an dem großen Tisch. Da wurde gelacht. Es hing eine Lampe über dem Tisch, die nicht sehr viel Licht gab. Kerzen hatte Isa verboten, obwohl die Tischecke freigeräumt war, kein Heu, kein Stroh in der Nähe, der Steinboden gefegt, und einen Elektroofen gab es auch. Der Rundumbeschlag und Natalie verteilten sich auf die letzten Plätze. Sie waren insgesamt zehn, Felix davon der einzige Junge. Außer Christina kannten sie alle.
Schon bevor Theres sich setzte, sah sie: Das musste ein seltsames Licht sein, das die Lampe über den Tisch warf. Manchmal macht so ein Licht Schatten in Gesichter, und junge Leute sehen auf einmal alt aus. Oder schöne hässlich. So etwas hatte sie schon gesehen. Aber dass es auch umgekehrt ging … Christina saß in einem Licht, das sie schöner machte, als sie sein konnte. Denn so etwas gibt es doch eigentlich gar nicht. Zumindest nicht ungeschminkt. Oder war die geschminkt?
Die anderen Mädchen rückten zusammen, verschoben ihre Stühle, als die fünf Neuen kamen. Nur Christina nicht. Die blieb, wo sie war. Damit sie nicht aus diesem Licht rückte?
Theres saß zwischen Felix und Jana. Es schien ganz selbstverständlich, dass Theres neben Felix saß und Jana so weit wie möglich weg von Natalie. Dafür mussten die anderen schon ein wenig ihre Plätze verändern. Und das taten sie ja auch. Nur Christina nicht. Die schaute bloß auf mit ihren

dunkelbraunen Locken und dunklen Augen in diesem Licht und sagte: «Hallo!»
Das wäre eigentlich genug gewesen – fand Theres –, aber Christina fuhr fort: «Du musst Felix sein. Das ist leicht zu merken.»
Felix nickte: «Und du Christina. Das ist auch leicht zu merken.»
Christina sah die anderen an.
«Was habt ihr ihm von mir erzählt», fragte sie, «dass er mich erkennt, wenn ich einfach nur so sitze?»
«Nichts», sagte Felix, «aber du bist die Einzige, die ich noch nicht kenne.»
«Ach so.»
«Erzähl weiter», verlangte Laura.
Christina erzählte von einem Ausritt.
Felix' Hände zappelten auf dem Tisch herum. Das machten sie sonst nicht.
«Ja – also Sonja ritt die Brana ...», begann Christina.
«Reitest du jetzt immer mit Sonja aus?»
«Fast. Wir haben die einzigen Isländer. Mit den Großen geht es nicht so gut. Aber wenn Sonja nicht kann, reit ich auch mit den anderen. Was soll ich denn machen? Euch hab ich nicht mehr und allein raus kann ich nun mal nicht.»
Warum nicht?, dachte Theres. Die muss doch gut genug reiten können, wenn sie ein eigenes Pferd hat. Oder hat die eine Mutter wie ich?
Felix suchte etwas. Seine Hundewelpenpfote wühlte in seiner Jackentasche, und er stieß mit dem Ellbogen an Theres, schien es aber nicht zu merken. Er brachte ein Radiergummi heraus, drückte und knetete es mit den Fingern.

«Ganz in der Nähe von uns ist ein Kindergarten. Ziemlich im Wald», erzählte Christina. «Ja, und die feierten Erntedankfest.»

Felix radierte auf dem Tisch herum, obwohl es nichts gab, was er da hätte wegradieren können. Er machte nur Radiergummikrümel, und vor ihm wurde die Tischplatte ganz stumpf.

«Die Kinder – oder eher die Eltern – hatten einen Altar gebaut aus Obst und Getreide und Gemüse, was man so macht beim Erntedankfest, und sie hatten die Kinder geschmückt. Da war ein kleiner Junge, der hatte einen halben Kürbis als Helm auf dem Kopf, also den Kürbis ausgehöhlt, und da hatte er wohl eine Plastikfolie drunter, sah witzig aus, der Kürbis war viel größer als sein Kopf …»

Felix schob die Radiergummikrümel zusammen und knetete sie zu einer winzigen Kugel. Damit schien er ganz und gar beschäftigt. Es sah so aus, als interessiere ihn Christinas Geschichte nicht, aber das täuschte. Theres konnte genau beobachten, wie er immer wieder so unter den Augenlidern hinweg, ohne den Kopf zu heben, auf Christina schaute.

«Und ein Mädchen war voller Maiskörner. Die waren auf einen Faden gezogen wie eine Kette und dann Kette über Kette. Das sah aus wie eine Rüstung, wie ein Kettenpanzer. Ich glaube, sie spielten so eine Art Theaterstück. Der Junge war der Kürbis und das Mädchen der Mais. Wir haben natürlich am Zaun gehalten, und da kamen sie alle angerannt und aus dem Tor raus, und sie klebten fast an unseren Pferden.»

Felix rubbelte jetzt mit den Fingern auf dem Tisch herum, als wollte er die stumpfen Stellen wieder glatt polieren.

«Das müsst ihr euch mal vorstellen, zwei Isländer, total

umzingelt von kleinen Kindern, die vollgehängt sind mit Obst und Gemüse. Das konnte natürlich nicht gut gehen.»

«Sie haben sie doch nicht getreten?», fragte Laura erschrocken.

«Nein! Das machen sie nicht. Und sie haben die Kinder auch nicht mitgefressen. Nur das Gemüse. Da war ein Junge mit einer Kette aus Blumenkohlröschen. Die hat Brana ihm vom Hals gefressen und ein dickes Loch in die Maiskörnerrüstung. Brana ist entsetzlich gefräßig.»

«Passt auf, dass die keine Kolik kriegt», unterbrach Laura.

«Ja», nickte Christina, «Sonja hatte zu tun. Ich hatte Zeit, die Kinder anzuschauen, denn Svala ist eben nicht gefräßig. Svala machte das anders. Sie ging mitten durch die Kinder und suchte sich eine, nur eine Sondermahlzeit aus, und sie wählte ein Mädchen mit einem Getreidekranz auf dem Kopf. Und zwar war das Gerste, und Gerste hat diese langen – na, nicht Haare, nicht Borsten ...»

«Grannen», sagte Felix.

Er hat die ganze Zeit zugehört, dachte Theres, ach was, zugehört – gelauscht hat er.

Christina schaute ihn an. Und er sie auch. Und das war wie endgültig.

«Heißen die so?», fragte sie.

Er nickte.

«Das sah so wunderschön aus, der Getreidekranz, meine ich», erzählte Christina weiter und schaute Felix dabei an oder durch ihn hindurch, «so wunderschön, das sah aus wie ein Sonnenkranz, wie eine Strahlenkrone, weil doch die ...»

Jetzt sah sie Felix fragend an, eindeutig nicht durch ihn hindurch.

«Grannen», sagte er.
«Grannen», sagte sie.
Grannen, Grannen, Grannen, Grannen, dachte Theres, was für ein blödes Wort. Und das wird nicht besser, wenn man immer sagt: Grannen, Grannen, Grannen …
«… weil doch die Grannen wie Sonnenstrahlen aus dem Kranz herausragen. Und die hat Svala – man kann nicht sagen gefressen, sie hat die verspeist. Das Kind hat ganz still gehalten und mich manchmal angeblinzelt durch den Strahlenkranz hindurch und gelächelt hat es. Es hatte kein bisschen Angst. Die Erwachsenen auch nicht. Alle sind ein wenig zurückgetreten und haben zugeschaut, wie Svala mit ihrem Samtmäulchen die Gerstenkörner aus dem Kranz gefummelt hat und gegessen und auch das Gerstenstroh und die …»
Sie kann das Wort doch nicht schon wieder vergessen haben, dachte Theres.
Hatte sie auch nicht. Aber sie benutzte das Wort für eine Frage und einen fragenden Blick.
«… Grannen?»
Und Felix nickte: «Grannen.»
«Und Svala fraß die Körner und das Stroh und die Grannen. Und kein einziges Haar von dem Kind. Und dabei war das blond wie Gerstenstroh. Wie …», sagte Christina und schaute Theres an, «wie du.»
So was Blödes, dachte Theres, was machen sie da für einen Affenzirkus und sind ganz high, und warum? Ein Pferd frisst Gerste, was ist daran nun so toll?
Aber auch sie konnte nicht verhindern, dass sie die Szene plastisch und farbig vor sich sah: in einem Strahlenkranz

Svalas feine Nase. Und ihr zarter Kopf, ihr langer Hals, und im Sattel Christina, die wahrscheinlich den Kopf etwas schief hielt, so wie jetzt. Christina, die nicht wie jetzt Felix anschaute, sondern ein Kind, das so blond wie Theres war, das ganz still hielt und nicht zitterte – wie Theres – und das in Svalas schöne Augen schaute und nicht auf Felix schielte, der auf Christina schielte …

Und das Einzige, was Theres freute, war eine böse Freude. Natalie, dachte sie, immerhin der geschieht es recht. Da kommt sie hierher, weil sie uns Felix wegschnappen will, und nun muss sie zusehen, wie er sich vor ihren Augen in ein anderes Mädchen verliebt.

Da kam Isa: «Ihr solltet jetzt Schluss machen. Morgen müsst ihr aufstehen, wenn der Hahn kräht, und die Pferde füttern.»

Schluss machen, dachte Theres, das ist gut. Schluss damit! Jetzt muss sie aufstehen und raus mit dem Kopf aus dem Licht, diesem Licht, und dann fällt alles zusammen, jetzt steht sie auf, vielleicht hat sie einen fetten Hintern, jetzt steht sie auf und hebt ihren fetten …

Aber Christina stand nicht auf. Laura stand auf. Sie nahm ihren Stuhl und schob ihn weit weg. Und Carolin neben ihr machte das auch. Sie machten die Bahn frei für Christina. Die hatte nur ihren Kopf im Licht gehabt und den Hals, die Schultern, die Hände auf dem Tisch. Was hinter ihrem Rücken war, hatte Theres nicht gesehen, Felix auch nicht. Und so traf sie alle der Schock ohne jede Vorwarnung und mit voller Wucht: Christinas Hände griffen seitlich neben ihren Stuhl, sie gab einen Ruck und sie drehte sich, der Stuhl sauste quer durch die Scheune, sie bremste, drehte eine

Pirouette im Rollstuhl, hielt und sagte: «Ich muss noch mal pinkeln. Wer hilft mir?»
Das war der Schluss von zwei Liebesgeschichten, die zu Ende waren, bevor sie begonnen hatten, Rückfahrkarten, zweimal Liebe und zurück. Denn Theres konnte nicht vergessen, wie Felix Christina angeschaut hatte. Und ein Junge wie Felix, 15 Jahre alt, mit Hundewelpenpfoten, die goldene Hände waren, und ein brillanter Reiter – Felix konnte sich doch nicht in ein Mädchen verlieben, das im Rollstuhl saß. Oder?

5 Barfuss über spitze Steine

Normalerweise hätte der Rundumbeschlag die halbe Nacht durch gequatscht. Aber alles, was Felix sagte, war: «Ich bin müde.»

Das stimmt nicht, dachte Theres.

Er rollte sich in seinem Schlafsack zusammen.

«Ich bin auch müde», sagte sie und das stimmte genauso wenig.

Zum ersten Mal durfte sie über Nacht bei den anderen bleiben. Nie hatte ihre Mutter erlaubt, dass sie bei Turnieren in den Ställen übernachtete. Diesmal hatte sie zugestimmt, und Theres hatte sich so gefreut. Und jetzt? Es war alles verdorben.

Und sie hatten so schöne Schlafplätze. Aus Strohballen hatten sie mit Sven Kammern gebaut, höchstens vier passten in eine Kammer, das hieß, der Rundumbeschlag war komplett, und Natalie waren sie los. Die Schlafkammern waren wie ein Terrassenbau dreistöckig, der Rundumbeschlag hatte die oberste Etage belegt, sogar eine Treppe für Barana hatte Sven gebaut. Die anderen Mädchen hatten nicht darum gekämpft, denn Christina blieb natürlich unten, und die aus der nächsten Etage hingen über die Strohballen gelehnt und schwätzten. Oben flüsterten nur Jana und Alberta. Theres und Felix schliefen? Überhaupt nicht.
Theres wusste, sie und Felix dachten dasselbe: War diese Christina auf immer gelähmt? Aber sie dachten es mit umgekehrter Hoffnung. Vielleicht hatte sie vor Kurzem einen Unfall gehabt und musste nur ein paar Monate im Rollstuhl verbringen? Und dann würde sie aufstehen, laufen und tanzen? Und reiten! Das war ganz sicher, was Felix jetzt dachte und hoffte. Und Theres? Durfte man hoffen, dass jemand auf immer an den Rollstuhl gefesselt war?
Sie ist gelähmt, dachte Theres. Auf immer. Aber irgendwie kann sie reiten.
Jetzt erst verstand sie alles, was darauf hinwies: Darum hatte Christina Svala bekommen, obwohl die Stute nun nicht mehr in einer Herde Isländer lebte. Darum durfte sie nicht allein ausreiten. Darum konnte sie ihrem Pony beim Schmied die Hufe nicht selber halten. Darum würden sie alle in diesem Kurs keine wilden Geländeritte machen. Darum!
Christina ist gelähmt!
War das nun ein befreiender Gedanke, eine Hoffnung, mit der Theres beruhigt einschlafen konnte? Einerseits schon.

Es war nur höchst beunruhigend, dass sie einem anderen jungen Mädchen so etwas wünschte. Theres kam sich fies und gemein vor. Und außerdem – an Felix denken tat weh. Da hatten sie beim alten Gutshof auf der Treppe gesessen und Tic Tacs gelutscht und Kastanienblätter zerbröselt, und die Luft zwischen ihnen hatte geflimmert, die war ganz aufgeladen gewesen, richtig elektrisch. Und dann sitzt da so ein hübsches Gesicht – ohne Zahnspange, und Pickel hatte sie auch keine gesehen –, und er fährt voll drauf ab. Ist das Liebe? Sie schob einen Arm über Barana, die neben ihr schon eingeschlafen war.

Es lag also nicht an dem ungewohnten Strohlager, dass Theres so schlecht schlief. Und dass auch Felix sich drehte und wälzte und offenbar keinen Schlaf fand, war in gar keiner Weise beruhigend für sie. Blieb noch eine halbwegs anständige Hoffnung für Theres: dass im Licht, im Morgenlicht, in ganz normalem Tageslicht diese Christina nicht mehr so verwirrend hübsch sein würde.

So ungefähr war es dann auch. Als sie am nächsten Morgen früh in das Licht eines späten Oktobertages krochen, hatten sie alle zu wenig geschlafen, acht, weil sie die halbe Nacht geschwätzt hatten, und zwei, weil sie keine Ruhe fanden. Sie sahen alle ziemlich verpennt aus, Christina nicht mehr und nicht weniger, und sie war auch nicht mehr und nicht weniger hübsch als die meisten anderen. Klar, solche Haare wirken immer, aber das war auch schon alles. Nein, das war es eben nicht. Zwar sah bei normalem Licht betrachtet Christina völlig normal aus, und trotzdem war etwas Besonderes um sie herum. Es gelang Theres nicht herauszufinden, was es war. Sie hatte auch keine Zeit dazu. Es gab jede Menge

Arbeit. Die Tore öffnen und die Pferde auf die Wiese lassen, damit sie zum Frühstück das letzte Gras abweiden konnten, das war noch die leichteste Aufgabe, und dazu waren auch die meisten Helfer da. Mehr als dreißig Islandpferde hinausstürmen sehen, da wollten alle dabei sein. Aber dann waren plötzlich nur noch wenige im Stall: Alberta war mit Isa in der Küche, Mittagessen vorkochen, Julia schlief noch, Sven versorgte die beiden spanischen Hengste, Christina konnte nicht helfen, und zwei von den ‹alten›, sonst so fleißigen Mädchen verschwanden. Man hörte Laura und Carolin vom Hof her lachen. Sie alberten um Christina herum und wollten mit ihrem Rollstuhl fahren. Felix bummelte da irgendwo herum. Und niemand sagte was! Isa öffnete nicht das Fenster und rief hinaus, sie sollten endlich mit dem Blödsinn aufhören, Stallarbeit gehörte zum Kurs. Auch Sven musste das alberne Getue sehen, auf dem Hinweg und auf dem Rückweg. Er ging vorbei. Theres, Jana, Natalie und die kleine Diana, die Jüngste von allen, waren allein im Offenstall mit dem Mist, den 35 Islandpferde in einer Nacht so fallen lassen. Theres ärgerte sich, aber sie sagte nichts. Sie galt hier sowieso als das stinkreiche Mädchen, das es nicht nötig hatte, sich dreckig zu machen. Jana, die sich doch sonst zu wehren wusste, wenn etwas ungerecht war, sagte auch lange nichts. Erst nach zwanzig Minuten schaute sie über die Massen Mist im Stroh und sagte: «Also ich versteh die ja. Aber sie könnten uns schon helfen. Wir werden sonst nicht fertig bis zum Frühstück. Kann nicht wenigstens jemand Julia wecken?»
Da konnte Theres ihre Wut nicht länger zurückhalten.
«Wieso verstehst du die?», zischte sie. «Ich versteh das Getue um diese Christina überhaupt nicht!»

«Na ja», sagte Jana.

Aber Theres ließ sie nicht ausreden.

«Ich hab immer geglaubt, Behinderte können das nicht leiden, wenn sie lauter Extrawürste gebraten kriegen. Und die? Was nimmt die sich alles heraus?»

«Ich glaube, das ist es nicht», murmelte Jana, «ich finde, es ist irgendwas – irgendwas Besonderes mit ihr.»

Dann kam immerhin Alberta in den Stall.

«Seid ihr schon fertig mit Kochen?», fragte Jana.

«Gemüsereis», erklärte Alberta, «ich musste nur das Gemüse putzen. Isa macht den Rest. Ich hab sie gefragt, was mit Christina passiert ist. Ich denke, ihr wollt das wissen.»

Jana nickte und Theres trat einen Schritt näher.

«Fahrradunfall», berichtete Alberta, «sie ist von der Straße abgekommen und einen Hang runter, da war sie neun, hatte schon angefangen zu reiten. Und voltigiert. Ihre Eltern haben lange nach einer Reitschule für sie gesucht, niemand wollte sie nehmen, zu gefährlich, Versicherung und so. Aber ein Arzt hatte gesagt, sie muss reiten und das würde gehen. Isa hat das dann gemacht. Mit Töltern geht es auch am besten.»

«Weißt du, wie alt die ist?», fragte Theres.

«Christina? Fünfzehn, fast fünfzehn.»

Also in der 9. Klasse, dachte Theres. Wie Felix.

Da kamen die anderen endlich in den Stall. Laura fuhr Rollstuhl, Carolin stützte Christina, die so etwas laufen konnte. Sie lachten nicht mehr, aber sie sahen glücklich aus.

«Das meine ich», flüsterte Jana. «Das Besondere. Merkst du's?»

Theres merkte nichts. Oder wollte nichts merken.

Und dann ging es rasend schnell. Die Pferdeäpfel flogen in die Mistkarren und weiter auf den Misthaufen. Dazwischen stolperte die immer noch halb schlafende Julia.
«So viele brauchen wir nicht im Stall», sagte Laura. «Wir machen zwei Gruppen. Dann kann immer eine ausschlafen. Okay?»
Alberta natürlich musste immer aufstehen, weil sie Isa in der Küche half, aber das machte sie gern. Und Christina konnte immer ausschlafen, doch das wollte sie gar nicht.
«Habt ihr nicht ein paar Aufsätze für mich. Ich schreib inzwischen ein paar Aufsätze. Das hab ich doch früher auch gemacht.»
Aber es waren Ferien.
«Du erzählst uns was», bestimmte Laura. «Du bist in unserer Gruppe und feuerst uns zum Arbeiten an. Außerdem kannst du immer versuchen, Julia wach zu kriegen. Hat jemand einen Chinakracher?»
«Chinakracher bringt's nicht», sagte Julia. «Mich kriegt man nur mit Wasser wach.»
Sie warfen eine Münze, wer anfangen musste und am nächsten Tag Frühschicht hatte. Zahl oder Adler? Es traf die ‹Alten›.
Nach dem Frühstück teilte Isa den Kurs in zwei Reitgruppen: eine Gruppe fortgeschrittene Reiter und eine Gruppe, die lauter Besonderheiten brauchte. Theres wollte sich gern zu der ersten Gruppe zählen, war aber zufrieden, als Isa sagte: «Ich denke, du willst bei deinen Freunden sein, und außerdem brauche ich dich. Ich muss einen darin haben, der korrekt Tölt vorreiten kann.»
Felix, Jana und Natalie wollten in diesem Kurs tölten lernen

und bekamen Pferde, die im Tölt so sicher waren, dass sie das einem normalen Dreigangreiter beibringen konnten.
«Und wenn alles gut läuft», verkündete Sven. «dürfen ein paar so ab übermorgen versuchen, Rennpass zu reiten. Laura und Carolin haben das schon mal geschafft. Ich würde es Felix und Theres auch zutrauen.»
Isa schaute Theres an: «Ich hab dir versprochen, dass du mal Stjarni reiten darfst. Du hast so viel gelernt, seit du hier bist. Ich hab das am Anfang gar nicht in dir gesehen. Du bist weiter, als ich gedacht habe. Also – du kriegst Stjarni zum Rennpass.»
Endlich etwas, worüber sie sich freuen konnte!
Als sie zum Satteln gingen, sagte Jana: «Warum bist du auf einmal so gut? Ich mein', ich gönn' dir das ja, also dir wirklich, ich freu mich sogar, aber ich versteh's nicht. Auf dem Ulmenhof hat Bettina immer gemeckert, weil du so verkrampft sitzt …»
«Eben! Genau darum. Ich habe hier keine Angst. Also bin ich auch nicht verkrampft. Das ist alles. Wir haben nämlich – hat Isa gesagt – alle vom Ulmenhof, wir haben eine gute Grundausbildung, sie findet das echt gut, wie Bettina unterrichtet …»
Und sie spürte, wie Jana neben ihr um hundert Prozent glücklicher wurde.
«Wirklich?», sagte Jana.
Die ist noch nicht hier, dachte Theres, sie hängt an Bettina. Warum hängt sie so an Bettina? Isa ist doch viel, viel netter.
Und beide sattelten sie ihre Pferde für eine der schwierigsten Reitstunden ihres Lebens.
Angst hatten sie nicht. Aber beide waren nicht da, wo sie

hätten sein sollen, sie waren nicht bei ihren Pferden. Jana war halb auf dem Ulmenhof, und auch Theres fiel zurück in die Vergangenheit. Der helle Fuchs Gleisir, den Jana ritt, lief einen schrecklichen Mischmasch von Gangarten aus Trab, Pass und Tölt und das in ziemlich hohem Tempo. Und in Theres polterte ein ähnliches Gemisch von Gefühlen aus Wut, Freude, Schadenfreude immer hin und her und auch das in ziemlich hohem Tempo.

«Theres, du reitest vor Christina und Alberta. Alberta ist Anfänger und Christina kann nicht leichttraben. Du gibst ein ruhiges Arbeitstempo vor, das brauchen Blesi und Svala, und du selber hast dein Pferd ja im Griff. Die anderen können alle ihr eigenes Tempo reiten.»

Am Anfang schaute Theres auf Jana vor ihr. Gleisir ging keinen klaren Trab, immer wieder verschob er in den Pass. Jana merkte es und hörte auf leichtzutraben.

Felix kam mit Mana besser zurecht.

«Gut, Felix, lass sie laufen.»

Sokki rannte hinterher.

«Nicht festziehen, Natalie, das bringt gar nichts, er geht nicht durch, lass ihn, ja, so ist es besser. Jetzt trabt er.»

Gleisir trabte immer noch nicht.

Mana war weit voraus. Felix war Theres jetzt gegenüber. Und er schaute herüber. Aber sie merkte: Der schaut nicht auf mich.

Hinter ihr war Christina. Mit Sicherheit ging ihr Pferd einen taktklaren Trab, die beiden kannten sich ja.

Und sowie sie ihre Gedanken nach rückwärts richtete, fiel sie in die Vergangenheit und blieb hängen an einem alten bösen Wort, das sie gerade erst überwunden hatte.

Vollständig, dachte sie, die ist doch nun wirklich nicht vollständig. Die hört doch mitten im Körper auf. Die hat doch gar kein Leben da, wo es jetzt anfängt interessant zu werden. Warum guckt er rüber zu ihr? Will er sehen, wie sie reitet? Aber sicher nicht, um zu wissen, wie sie reitet? Will er sehen, ob da was lebendig ist? Was denkt er? Wird er wieder mit mir Tic Tacs essen, wenn er sieht, da ist nichts? Da baumeln nur leere Stiefel am Pferd. Trifft er sich wieder mit mir am Gutshof, wenn er merkt, die ist nicht vollständig?

«Theres», sagte Isa, «töltet euch jetzt die Bjalla vor. Macht bitte den Hufschlag frei. Also, Theres, du weißt, sei vorsichtig mit dem Schenkel.»

Theres genoss ihre Beine, ihre lebendigen vollständigen Beine, die genoss sie bis in die Zehenspitzen. Und auch Bjalla hatte Freude an ihren Beinen, sie warf die Vorderhufe hoch und trat mit den Hinterbeinen weit unter den Körper.

«Sehr gut, Theres. Wenn ich sage, wenig machen mit dem Schenkel, gilt das nur für Theres, weil ich Bjalla so ausgebildet habe. Bei Gleysir, Jana, musst du mit dem Schenkel dranbleiben. Und jetzt Christina. Die Svala bitte eine Runde Tölt.»

Christina saß gut. Nicht korrekt, die Beine waren zu weit vorn, die Fußspitzen zeigten nach außen, der Absatz war nicht tief. Trotzdem sah das gut aus. Svala bewegte Christinas Unterleib. Die machte selber nichts. Und den Oberkörper hielt sie vorbildlich gerade. Theres hatte ohne Zweifel eleganter ausgesehen, aber da war etwas Besonderes um Christina, da war es wieder, Theres wollte es nicht bemerken, aber sie konnte sich nicht mehr weigern – es war das Glück in

Christinas Gesicht. Wenn sie ritt, hatte sie Beine. Wie die anderen. Das war ihr Leben. Christina hatte entweder vier Beine oder gar keine.

Unvollständig, schrie alles in Theres, die ist doch gar nicht vollständig.

Das war zwar richtig, aber das Verrückte war, dass sie sich selber wieder so fühlte, wie im Reagenzglas gezeugt, wie vor drei Wochen, als sie zum Geburtstag den Brief vom Vater bekam.

«Felix! Geh auf den Hufschlag und …»

Und Felix ritt zum ersten Mal in seinem Leben Tölt. Eine Runde, noch eine Runde, er mochte gar nicht aufhören.

«Genug! Das war perfekt. In deinem Hintern sind mehr als drei Gangarten. Jetzt Natalie.»

Natalie schaffte mit Sokki noch keinen Tölt.

«Aber er ist schön getrabt. Dafür dass du zum ersten Mal einen Isländer reitest, war das gut. Jana!»

Doch Janas Pony fand an diesem Tag keinen Rhythmus und keinen Trab.

«Wenn ich Leute mit eigenen Pferden in den Kursen habe», erklärte Isa am nächsten Morgen, «setze ich die immer mal auf ein fremdes Pferd. Man gewöhnt sich nämlich sehr schnell zusammen mit dem eigenen Pferd ein paar Marotten an, Fehler, und die merkt man nicht, weil das Pferd gelernt hat, mit euren Fehlern umzugehen. Jetzt haben wir diesmal nur zwei mit eigenem Pferd, aber das kommt sehr günstig aus. Ich kann Christina natürlich nicht auf irgendein Pferd setzen, aber Bjalla ist kein Problem. Ich habe nämlich Bjalla und Svala für Christina ausgebildet, also ganz auf

Gewichtshilfen. Also, mein Vorschlag: Theres und Christina tauschen.»

Nein, dachte Theres, auf keinen, auf gar keinen Fall!!!

Sie standen am Putzplatz. Die Pferde waren schon sauber, Theres hatte gerade den Sattel aufgelegt, Christina stützte sich auf Svala – so weit es ging, putzte sie ihr Pony selber, nur die Hufe kratzte Carolin aus. Theres sah über die Pferderücken hinweg Christinas Gesicht. Sie strahlte.

«Svala und Bjalla», fuhr Isa fort, «sind vom Wesen her sehr ähnliche Pferde. Nur, Bjalla kennt Christinas Marotten nicht und Svala nicht die von Theres. Ihr reitet so wie immer, und dann werden wir sehen, was geschieht.»

Nein, dachte Theres, auf keinen, auf gar keinen Fall.

«Sollen wir die Sättel tauschen?», fragte Christina.

«Das könntet ihr. Svalas Sattel passt Bjalla und umgekehrt. Was ist euch lieber?»

«Nicht tauschen», sagte Christina. «Ich möchte mal in *den* Sattel.»

«Nicht tauschen», murmelte Theres.

Aber sie meinte damit den Sattel *und* die Pferde.

«Der Sattel ist in diesem Fall unwichtig», sagte Isa, «der stellt sich nicht auf eure Fehler ein. Aber die Pferde.»

«Also gut», Christina schaute zu Carolin. Die hob den schwarzen Töltsattel auf Svalas Rücken, Christina ließ den Gurt herunter und Carolin zog ihn fest.

Theres stand starr und steif neben Bjalla.

«Was ist?», fragte Jana.

Sie hielt Manas Trense. Mana, die gestern so gut unter Felix getöltet war, sollte heute ihr den vierten Gang beibringen.

«He, Theres, was hast du?»

«Nein!», sagte Theres. «Nein.»
«Was?» Jana verstand nicht.
Barana spürte die Spannung, und wie immer, wenn so ein nervöses Knistern in der Luft lag, sauste sie los und suchte sich etwas, worauf sie herumkauen konnte.
Mit Lauras Hilfe ging Christina auf Bjalla zu.
«Ich will Bjalla selber reiten», sagte Theres leise. Nur Jana hörte sie.
«Die nimmt sie dir doch nicht weg.»
Nein, dachte Theres, mein Pferd kann sie nicht wegnehmen. Aber ihr habt alle keine Ahnung, was sie mir schon weggenommen hat.
Hatte sie das? Nichts als ein paar Blicke waren hin und her gegangen zwischen Christina und Felix. Hatte sie ihr damit etwas weggenommen? Was denn? Hatte Theres da überhaupt etwas gehabt? Zwischen ihr und Felix war nur eine Plastikschachtel mit Tic Tacs hin und her gegangen. Aber die Luft hatte doch geknistert. Geflimmert und geknistert.
Christina erreichte Bjalla, Laura konnte sie loslassen, sie stützte sich auf Bjallas Kruppe.
«Hallo, alte Freundin», sagte sie, «kennst du mich noch?»
Und Bjalla schnaubte.
Jetzt nimmt sie mir mein Pony auch noch weg, dachte Theres.
Sie wusste, Christina hatte ihr nichts weggenommen. Im Gegenteil. Sie hatte ihr etwas zurückgegeben, etwas, das sie nicht hatte zurückhaben wollen, das alte miese Gefühl: ich bin unvollständig, ich zähle nicht mit, wenn die Jungen verteilt werden. Ich gehöre nicht dazu. Wer Eltern hat, die miteinander umgehen, als würden sie sich gegenseitig als

Eiswürfel in den Campari werfen, muss doch im Reagenzglas gezeugt sein, und dem fehlt was, und so weiter und so weiter drehte es sich in ihrem Kopf. Sie kam sich wieder dürr und mickrig vor. Weg waren die Pfunde Gewichtigkeit, die man ihr in den letzten Wochen zugefüttert hatte. Sie konnte zehn und mehr Runden vortölten, was nützte ihr das, wenn Felix nicht hinschaute. Der konnte inzwischen selber tölten und schaute anderswohin.

«Ich will Bjalla selber reiten!», sagte sie laut.

Wen schaute sie an? Christina nicht. Isa auch nicht. Jana? Nein.

Nach einer kleinen Pause kam Isas Stimme: «Pferde einteilen tu immer noch ich.»

«Aber Bjalla ist doch mein Pferd», sagte Theres gerade so laut, dass Isa es hören konnte.

«Natürlich. Und ich kann dich auch nicht zwingen. Aber ich soll dir was beibringen. Und der Reitlehrer ist immer nur der zweitbeste Lehrer auf dem Platz. Der beste ist das Pferd.»

«Ich will nicht.»

Sie schaute immer noch niemanden an, vor allem nicht Christina.

«Und warum?», fragte Isa.

«Weil – weil – meine Mutter das nicht will. Sie hat Angst, wenn ich ein anderes Pferd reite. Ich habe ihr versprochen, dass ich nur Bjalla reite.»

«Und Stjarni?»

O weh! Was jetzt?

«Also reitest du keinen Rennpass?», bohrte Isa weiter.

«Doch, ich-ich …»

«Bjalla kann das nicht.»
«.... aber ich habe Bjalla doch noch nicht so lange. Sie hat sich gerade an mich gewöhnt. Ist es da gut, wenn sie ein Fremder reitet?»
«Christina ist nicht fremd. Sie hat Bjalla öfter geritten als du. Sie hat sich vor zwei Jahren zwischen Bjalla und Svala entscheiden müssen. Ich habe beide Pferde für sie ausgebildet.»
Auch das noch. Sie schaute jetzt doch Christina an. Die stand auf Bjalla gestützt, den rechten Arm über die Kruppe gelegt. In ihren Augen lag Überraschung, Verwunderung – so etwas war ihr noch nicht passiert.
Nein, dachte Theres, das kennt sie nicht. Weil die alles kriegt. Alles kriegt sie in ihren leblosen Hintern geblasen.
Sie wandte den Kopf, traf dabei leider Felix' Blick, der nichts verstanden hatte, nichts.
Hat er nicht einmal gemerkt, wie sehr mir das wehtun muss, dachte sie, nicht einmal das?
Christina drehte sich um und ging, ohne Hilfe, ein paar Schritte, bis zu Mana, sie stützte sich auf Manas Kruppe.
«Mal langsam», sagte Isa, «das ist noch nicht entschieden.»
«Doch», Theres zog den Gurt an, «das ist mein Pferd.»
Und da sagte Isa etwas wirklich Schlimmes:
«Ihr Besitzer! Ihr schwerreichen Besitzer. Also nimm deine Bjalla und sitz auf deinem Besitz. Du wirst schon noch merken, was man kaufen kann und was nicht.»
Das war schlimm. Denn niemand in dieser ganzen Reitschule wusste so genau wie Theres, was man alles nicht kaufen kann. Man konnte z. B. eine Menge Tic Tacs kaufen, einen ganzen Lastwagen voll. Aber was hatte man davon?

Wenn man sie nicht in eine Jungenpfote kippen konnte? So eine Hundewelpenjungenpfote konnte man nicht kaufen. Barana lag hinter Bjalla und zerbiss eine Wurzelbürste.
Es wurde eine ziemlich schreckliche Reitstunde. Felix konnte auch Gleisir tölten, aber darüber jubelte niemand mehr, er konnte das halt. Nur Natalie ritt ins Glück. Sokki lief unter ihr nicht nur Trab, sondern auch einen klaren rhythmischen Tölt.
Darüber konnte Theres sich nicht freuen. Jana erst recht nicht, denn auch Mana ging mit ihr nur Gangarteneintopf.

Mittags schmeckten die Nudeln nicht. Die Tomatensoße auch nicht und ebenso wenig der Salat. Zum ersten Mal wurde wenig geredet beim Essen am großen Tisch in ihrer Scheune und gar nicht gelacht. Theres wich allen Blicken aus, und als sie Christinas doch einmal erwischte, war etwas Feindliches darin.
Dann rief der Schmied an. Er sollte am späten Nachmittag kommen. Außer Svala hatte er nur ein Pferd zu beschlagen, und er fragte, ob er schon um zwei anfangen könne. Er hatte einen Notfall. Ein Turnierpferd hatte ein Eisen verloren. Dafür brauchte er den Abend, wenn der Besitzer von der Arbeit kam.
«Ich musste es ihm zusagen», sagte Sven, «es ging nicht anders.»
Sie wollten aber ausreiten am Nachmittag.
«Ich kann hierbleiben», sagte Sven. «Wir müssen nicht beide mit. Aber das hilft uns nicht. Wenn er Tjaldur zuerst beschlägt, muss Svala um drei hier sein. Da seid ihr noch nicht zurück. Und wenn er Svala zuerst beschlägt, das geht auch nicht.

Gerade Christina sollte nicht mit einem frisch beschlagenen Pferd ausreiten. Das lass ich nicht zu. Svala braucht ein paar Stunden, bis sie völlig sicher mit den neuen Eisen läuft.»

Theres rührte im Schokoladenpudding. Niemand schaute sie an. Doch! Sie blinzelte über den Tisch. Alberta schaute sie an, und sie wusste auch, was die dachte. Sie dachte ja dasselbe. Dachte es sonst niemand? Hatten die sie aufgegeben?

«Christina kann Bjalla haben», sagte sie.

Isa lächelte. Aber von Christina kam ein hartes: «Nein! Ich will dein Pferd nicht!»

«Komm, Christina», sagte Isa, «jetzt bock nicht. Ich freu mich, dass Theres ihre Meinung geändert hat.»

«Jetzt seh ich das ein», sagte Theres, «vorhin fand ich das einfach Quatsch.»

«Ich will dein Pferd nicht.»

«Christina, bitte, jetzt sei nicht stur.»

«Nein!»

«Ich habe kein anderes Pferd für dich.»

«Skessa! Ich kann Skessa reiten. Ich hatte sie schon oft.»

«Aber nicht im Gelände.»

«Auch im Gelände.»

«Das stimmt», sagte Sven. «Ich war mal mit Christina und Skessa im Gelände.»

«Aber ich will das nicht», sagte Isa. «Aus zwei Gründen. Erstens: Skessa braucht deutliche Schenkelhilfen. Das einzige Pferd – außer Svala –, das ich so total auf Gewichtshilfen ausgebildet habe, ist Bjalla. Und zweitens: Alberta und ich, wir geben uns viel Mühe mit dem Kochen, und ich möchte, dass uns allen morgen das Essen wieder schmeckt. Also muss

diese miese Stimmung weg. Ich möchte jetzt sagen: Danke, Theres, wir nehmen dein Angebot an und die Reitstunde von heut früh ist vergessen.»
«Aber ich will ihr Pferd nicht!», zischte Christina. «Soll sie doch – ach was – ich weiß nicht – ich will nicht!»
Der Schmied kam sogar schon vor zwei. Er fing mit Svala an, und Laura wollte ihr die Hufe aufhalten, aber Sven sagte: «Lass nur. Ich mach das. Geh satteln und hilf Christina lieber bei der Skessa.»
«Du kommst nach vorn, Christina», bestimmte Isa.
«Kann ich nicht neben Laura reiten? Ich brauch keine Extrawurst.»
«Dann bleibt Theres neben mir!»
Und als sie aufbrachen, sagte Isa leise: «Zur Not könnt ihr tauschen?»
Theres nickte. Sie konnte es aber nicht lassen, Skessa zu beobachten. Wie kam Christina mit ihr zurecht? Die kleine Rappscheckstute war etwas breiter als Svala oder Bjalla, etwas rundlicher, für eine Stute hatte sie einen sehr kurzen Rücken. Sie bewegte sich anders, trat kürzer und härter. Theres verstand: dass ein Pferd brav war, reichte nicht aus, um für Christina geeignet zu sein. Auch Isa, bemerkte Theres, blickte häufiger als sonst zurück, und dann lächelte Christina immer, aber es war deutlich, Skessa strengte sie an.
Ich habe ihr Bjalla angeboten, dachte Theres, ich habe es getan!
Anstatt leichtzutraben ritt Christina so etwas wie Entlastungssitz. Sie stützte die Hände auf den Sattel und hob sich ein wenig. Das war ein Balanceakt. Sie durfte nicht zu weit nach vorn fallen.

Als sie den Abzweig erreichten, den Weg, der in weitem Bogen zum Rappenhof zurückführte, ließ Isa halten.
«Schaffst du das, Christina?», fragte sie.
«Klar!», rief Christina etwas zu laut. «Traben ist am schwierigsten. Jetzt ist sie locker, jetzt kann ich tölten. Galopp geht auch.»
Es war etwas anders um Christina, es fehlte das seltsam Anziehende, das um sie gewesen war, das Besondere. Theres war nicht mehr eifersüchtig.
Isa ließ die Gruppe antölten, für Bjalla kein Problem, Theres hielt den Kopf etwas schief und schielte zurück, sie sah die Anspannung in Christinas Gesicht.
Wenn Christina Svala ritt, konnte sie sich bewegen wie alle anderen auch. Und das war Glück. Und Glück macht schöne Gesichter. Das war alles.
Jana mühte sich mit Mana, hielt die Zügel zu lang oder zu fest und fand den Takt nicht. Sie gab es auf, ließ die Zügel länger und trabte leicht, das immerhin klappte jetzt. Christina hielt sich gut im Tölt. Trotzdem ging Isa bald wieder Schritt. Sie erreichten eine ihrer Galoppstrecken. Der Weg führte erst sacht aufwärts, wurde dann etwas steiler. Wenn galoppieren, dann hier.
«Pferde vorbereiten zum Galopp», verlangte Isa, «ruhiges Tempo, nicht rasen.»
Das gelang. Zumindest glaubten es die, die vorn waren. Theres galoppierte neben Jana. Auch Alberta, die so gut voltigieren konnte, saß locker auf Blesi. Isa, vorn, stellte sich in die Bügel, richtete sich auf, schaute zurück, hob die rechte Hand. Das hieß: durchparieren Schritt!
Gar nicht so einfach mitten auf der Galoppstrecke. Auch

Bjalla protestierte. Die Pferde meinten, ein kleiner Galopp auf diesem Weg gehörte zu ihren angestammten Rechten. Und warum aufhören? Sie waren nicht zu schnell. Isa, die ihre Stute natürlich im Griff hatte, nahm langsam das Tempo zurück. Theres drehte sich um, sah Christina mit angespanntem, fast verzerrtem Gesicht. Die wurde geschüttelt, denn Skessa galoppierte nicht.

Da schrie Diana von hinten: «Halt!! Halt!»

Isa parierte durch zum Schritt. Christina hing auf Skessa, weit nach vorn geworfen, die Hände in der schwarzweißen Mähne, langsam, angestrengt richtete sie sich auf.

«Sie ist nicht angesprungen», keuchte sie. «Ich kann nichts machen, wenn sie nicht galoppiert. Svala springt immer an.»

Isa nickte und schaute weiter nach hinten.

«Diana? Was war? War noch was?», fragte sie.

«Skessa hat ein Eisen verloren.»

Isa nickte. Das wunderte sie offenbar nicht. Sie sprang ab, gab Theres die Zügel, ging zurück und schaute auf Skessas Vorderbeine. Sie zweifelte nicht daran, dass an einem Vorderbein das Eisen fehlte.

Bettina, dachte Theres, würde jetzt sagen: Reiterfehler.

Wenn ein Pferd das Vordereisen verliert, ist das fast immer ein Reiterfehler. Traben in solchem Tempo, mit einem Reiter, der so weit auf der Vorhand liegt – das darf man nicht. Da kann es leicht passieren, dass ein Vorderbein nicht vom Boden wegkommt und das Pferd sich selbst mit dem Hinterfuß das Eisen abtritt. Wenn nichts Schlimmeres dabei passiert. Wenn es sich nicht verletzt.

Isa untersuchte Skessas rechten Vorderhuf und Fesselkopf.

«Tut mir leid», sagte Christina. «Soll ich absitzen?»
Isa schüttelte den Kopf.
«Hat sie was?», fragte Christina.
«Alles okay», sagte Isa. «kein Ballentritt, das Eisen ist glatt runter mit allen Nägeln, aber nichts vom Huf weggebrochen. Schaut mal, ob ihr das Eisen findet. Wir müssen halt sehen, ob wir den Schmied noch erwischen.»
Einige sprangen von den Pferden und gaben die Zügel den anderen. Während Isa den Schmied anrief, fand Diana das Eisen. Es waren alle Nägel darin, also hatte Skessa keine Nagelreste im Huf.
«Wir müssten uns beeilen», sagte Isa. «So eine Viertelstunde ist er noch mit Tjaldur beschäftigt, dann würde er rasch der Skessa das Eisen wieder aufschlagen. Er ist ein bisschen im Druck, weil er dem Turnierreiter für heute noch den Beschlag versprochen hat.»
Sie schaute Theres an.
«Wir tölten zurück. Nicht rasen, aber schon ein gutes Tempo. Nur, Skessa sollte ohne das Eisen nicht tölten. Tauscht ihr die Pferde?»
Theres nickte und wollte absitzen.
Da kam wieder von Christina ein hartes: «Nein!»
«Nun sei vernünftig ...»
«Lass uns sofort losreiten», verlangte Christina, während alle wieder auf ihre Pferde stiegen. «Wenn ihr mich von Skessa runter und auf Bjalla hievt, geht zu viel Zeit weg. Traben kann ich.»
Isa hielt das Eisen in der Hand.
«Ich will nicht, dass du Skessa zurück reitest. Sie wird nicht regelmäßig gehen mit dem einen bloßen Fuß.»

«Das passt schon. Ich will ihr Pferd nicht. Sie hat es mir heut früh nicht geben wollen …»

«Aber am Mittag …»

«Ja, genau. Heut früh – da ging es ums Reiten, da sollten wir die Pferde wechseln, um zu lernen. Und das wollte sie nicht. Und erst als ich ihre Bjalla brauchte, weil ich nicht jedes Pferd reiten kann, da hat sie Ja gesagt. Aus Mitleid. Und das kann ich nicht leiden!»

Sie tickte Skessa mit der Gerte an und ritt voraus. Isa blieb nichts anderes übrig, als schnell, das Eisen immer noch in der Hand, auf ihre Stute zu springen und die Führung wieder zu übernehmen.

Theres blieb zurück und ritt hinterher.

Quatsch Mitleid, dachte sie, ich hab sie beneidet, nicht bemitleidet, grad das Gegenteil, weil sie so toll war, jetzt ist sie nichts mehr, nur noch stur, jetzt tut sie mir leid.

Isa drehte sich um und rief zurück: «Weiß eine von euch, ob der Baum noch auf dem Wurzelweg liegt?»

«Der ist weg», sagte Carolin.

«Bist du sicher?»

«Ja, der ist weg», bestätigte Laura.

Der Wurzelweg wäre eine beträchtliche Abkürzung, nur fünfzig Meter lang, eine Verbindung mitten durch den Wald. Sie hatten diesen Weg gemieden, weil beim letzten Sturm ein Baum quer darübergefallen war. Wenn sie über den Wurzelweg die halbe Runde abschneiden konnten, mussten sie nicht eilen. Der Weg war zwar uneben, aber der Boden weich und angenehm für einen unbeschlagenen Huf.

Theres ritt schräg hinter Christina.

Tut sie mir wirklich leid?, dachte sie. Warum?

Christina war ganz auf ihr Pferd konzentriert. Sie musste aufpassen, unregelmäßige Tritte ihres Ponys rechtzeitig abfedern, auf keinen Fall nach vorn kippen. Auch die anderen Mädchen alberten nicht mehr um sie herum, ließen einen Raum um sie – und in diesem Raum breitete er sich wieder aus: der Zauber um sie.

Sie saß vollkommen gerade und weich in der Bewegung. Dabei lenkte sie Skessa am rechten Wegrand entlang und gab damit der Stute eine Möglichkeit, den unbeschlagenen Huf in weichen Boden zu setzen.

Die Gruppe erreichte einen der Töltwege, zwei Bahnen Traktorspuren, von schweren Rädern festgefahrener Schotter und dazwischen ein Streifen Gras.

«Kannst du Skessa auf dem Mittelstreifen halten?», fragte Isa.

«Natürlich!»

Mit welcher Sicherheit sie das sagte! Sie nahm die Zügel auf und kitzelte Skessa mit der Gerte am linken Hinterbein. Sofort trat die kleine Stute mit den Hinterbeinen weiter unter den Körper. Perfekt.

Sie kann reiten, dachte Theres. Das war Pech vorhin. Wenn so was ist, kann sie nichts machen, aber sie kann reiten.

Christina trabte mit äußerster Sorgfalt mitten auf dem Grasstreifen. So erreichten sie den Wurzelweg, und Isa schaute entsetzt über die fünfzig Meter, die vor Kurzem noch der Baum gesperrt hatte. Laura und Carolin hatten recht gehabt, der Baum war weg. Aber der Wurzelweg auch. Offenbar hatte die Stadt entschieden, hier einen Wanderweg zu richten, und die Strecke geschottert. Fünfzig Meter frisch aufgeschüttete grobe, spitze, gelbe Schottersteine.

«Was machen wir jetzt?», fragte Isa.
«Reiten», sagte Christina. «Was sonst?»
Ja, was sonst? Wenn Skessa an diesem Tag ihr Eisen noch bekommen sollte, mussten sie da durch. Der Schotter lag bis zum Wegrand. Es gab keine Möglichkeit auszuweichen.
«Also langsam», sagte Isa. «Lasst den Pferden die Zügel lang. Sie finden ihren Weg. Die sind alle schon in Island über Lava gelaufen. Das ist schlimmer.»
Es wäre auch alles gut gegangen, wenn nicht Skessa mit ihrem bloßen Huf so unglücklich auf einen spitzen Stein getreten wäre, dass sie den Fuß wegzog und stolperte. Sie stürzte nicht, sie fing sich wieder, aber Christina wurde nach vorn geworfen und verlor den Halt. Sie konnte sich nicht wieder aufrichten, langsam und unaufhaltsam rutschte sie an Skessas rechter Schulter abwärts, kopfüber auf die spitzen Steine zu. Sie versuchte, in die Mähne zu greifen, aber Skessas Mähne fiel nach links, und Christina zog die Haare, schwarze und weiße, mit über den Mähnenkamm und rutschte weiter. Theres, erstarrt, sah ihr Gesicht. Es war keine Angst und keine Panik darin, nur Aufmerksamkeit, sie suchte nach einer Lösung, aber es gab keine.
Doch! Einer reagierte schnell. Felix sprang von seinem Pony, ließ es stehen und lief auf Skessa zu. Er fasste Christinas Schulter und wollte sie zurückschieben, aber Christina sank weiter auf ihn zu. Wenn Skessa jetzt einen Schritt nach links machte, musste sie stürzen. Aber das Pony stand.
Christinas Kopf glitt auf Felix zu, ihre Wange streifte seine, ihre Stirn lag auf seiner Schulter, Theres konnte ihre Augen nicht mehr sehen, aber seine – und das war schlimm. Und dann schloss er die Augen. Das war noch schlimmer. Er trat

einen Schritt dichter an Skessa heran, konnte Christina so besser stützen und ihre Schulter greifen, sie hob den Kopf und –

Das ist Absicht, schrie alles in Theres, das ist doch Absicht! Das macht die doch alles mit Absicht. Vielleicht ist die gar nicht gelähmt.

Christinas Stirn lag eine Sekunde, nein, nicht so lange, aber doch viel zu lange, auf Felix' Schulter. Dann schob er sie wieder auf ihr Pferd. Schob er sie? Er streichelte sie in den Sattel zurück. Mit seinen Hundewelpenpfoten!

Wortlos, ohne Isa zu fragen, ohne nach seinem Pony zu schauen, das hatte Laura gegriffen, wortlos hielt er Skessas Zügel und führte sie über den Schotter, noch fünfzehn Meter, zwanzig vielleicht – Theres hatte das Gefühl, sie liefe barfuß über diese spitzen Steine.

Sie erreichten wieder einen befestigten Weg. Felix kehrte zurück zu seinem Pferd und saß auf. Sie gingen Schritt. Bald danach kamen sie aus dem Wald und sahen den Rappenhof auf dem Hügel liegen. Und als sie in den Hof ritten, fegte der Schmied gerade das Hufhorn zusammen, Sven brachte Tjaldur zurück. Sie kamen zur rechten Zeit, kein Grund jetzt mehr zu Hast und Eile, also stiegen auch Carolin und Laura geruhsam aus dem Sattel und gingen zu Skessa, um wie immer Christina zu helfen, aber sie kamen zu spät. Felix hob sie von ihrem Pferd.

6 FÜNFZEHN SEKUNDEN SELIGKEIT

Theres wollte unbedingt gut schlafen in der Nacht. Sie hatte Frühschicht am nächsten Morgen, und sie wollte fit sein, denn für diesen Tag hatten Sven und Isa ihnen den Rennpass versprochen. Aber immer wenn sie ein wenig eindöste, sah sie Christinas Kopf auf Felix' Schulter. Und sie war sicher, dass Felix, der ruhig in seinem Schlafsack neben ihr lag, genauso wenig schlief. Und genau dasselbe träumte. Sie zwang sich, nur an Bjalla zu denken. Und als das nicht klappte, fügte sie Stjarni hinzu. Das wirkte. Was mochte das für ein Gefühl sein, auf einem Pferd wie Stjarni zu sitzen? Mit solch einem Hals? Denn Stjarni hatte einen richtigen Hengsthals. Und eine Mähne, die nach beiden Seiten fiel.

Doch bevor sie einschlief, sprang in ihren Kopf wieder dasselbe Bild: Christinas Stirn auf ...
Sie rief ihre Gedanken zurück zu Stjarni und seiner nach beiden Seiten fallenden Mähne. Die würde morgen über ihre Finger fließen, ihre Hände und die Zügel in schwarzen Haaren ertränken.

Am nächsten Morgen war das Wetter wieder strahlend schön.
«Wenn das so weitergeht», sagte Isa, «müssen wir die Ekzemerdecken noch mal auspacken. Wäre nicht das erste Mal, dass Ende Oktober Kriebelmücken kommen.»
«Es gibt hier keine Kriebelmücken», versicherte Sven.
«Das ist nicht Island», zweifelte Isa. «Im Kalterer Moor sind sie in Massen. Ich denke schon, dass die hierherkommen –»
«Himmel!», schrie Jana. «Das habe ich vergessen.»
Alle schauten sie verwundert an, aber sie erklärte nichts, sondern flitzte zur Scheune und kam bald mit einem zerknitterten Papier und einem Kuli zurück.
«Von meinem Vater», keuchte sie, «sollt ihr unterschreiben. Die wollen da einen neuen Handymast aufstellen, und mein Vater sammelt Unterschriften dagegen. Er hat auch schon einen Artikel geschrieben für die Erhaltung des Seefunklochs. Das einzige Funkloch ist nämlich im Kalterer Moor.»
Isa griff sofort nach dem Zettel, legte ihn auf ihren Sattel, unterschrieb und gab ihn dann weiter an Sven.
«Ich hab deinen Namen schon eingetragen», sagte sie.
«Aber ich unterschreibe nicht!», widersprach er. «Ich will, dass Reitschüler, die sich verritten haben, uns immer erreichen können.»

«Quatsch», sagte Isa, «das Kalterer Moor ist unten im Sophientobel. Dahin kann man nicht reiten. In die Schlucht runter musst du laufen, ist viel zu steil, das machen unsere Reiter nicht.»

«Aber vielleicht schaden die Funkwellen den Kriebelmücken», murmelte Sven. Doch er griff nach dem Zettel und schrieb seinen Namen. Grinsend gab er ihn Jana zurück. «Gute Reihenfolge, Jana. Das hast du zuerst auf dem Ulmenhof rumgegeben. Wär da wohl nicht so gut angekommen, wenn du es denen unter die Nase gehalten hättest mit unseren Unterschriften drauf.»

Sie standen bereit zum Ausritt mit den sechs Rennpassern in der Gruppe. Laura und Carolin waren die Einzigen von den ‹Alten›, die schon mal Rennpass geritten waren, und sie durften es wieder probieren. Ihre besten Pferde aber hatten Isa und Sven den beiden Neulingen gelassen.

«Glückwunsch», sagte Laura zu Theres, «ich hatte ihn auch schon mal. Wenn du dich nicht völlig blöd anstellst, musst du es schaffen.»

Warum klang das so feindlich? Weil sie Stjarni lieber selber gehabt hätte? Oder ging es um Christina?

Theres versuchte, Laura zu überhören. Felix brachte den hellen Fuchsscheck Kari und Sven sein zweites Pferd Alsvidur. Der war ein Fuchs mit einer breiten Blesse. Isas zweites Pferd war Harpa, das bunteste Pony von allen. Harpa, die Harfe, war eine kleine Stute, kleiner als Bjalla, und sie war ein Braunscheck. Weiße und kastanienbraune Flecken verteilten sich gleichmäßig über ihren Körper. Ihr Kopf war dunkel, aber mit großem Keilstern, und darüber fielen die Schopfhaare schwarz. Denn wie jedes braune Pferd hatte sie

schwarzes Langhaar und auch schwarze Beine. Harpa war einer der seltenen dreifarbigen Schecken.
«Meine vielstimmige Harfe», sagte Isa, strich ihr über die zweistimmige Mähne, schwarz und weiß, und klopfte einen warmen braunen Akkord aus dem Widerrist.
«Hört ihr?», fragte Isa. «Wenn ihr endlich einmal ganz still wäret, könntet ihr hören, wie sie klingt.»
Sie waren nicht still. Sie waren alle viel zu aufgeregt.
«Aufsitzen!» Endlich. Zum ersten Mal stieg Theres auf Stjarni. Wie mag man sich fühlen auf so einem Pferd? Es musste wohl aufregend sein. Man musste sich stark und prächtig vorkommen. Aber als sie das Bein über Stjarnis Sattel schwang und sich aufrichtete, fühlte sie sich als Erstes einfach wohl. Sie fühlte sich sicher. Mit einem solchen Hals vor sich saß man wie mitten drin im Pferd. Isa blieb neben ihr. Sie ritten hinten, denn Sven war vorn und führte die Gruppe.
«Jetzt nimm mal die Zügel auf», sagte Isa, «aber vorsichtig! Denk dir, deine Finger schreiben eine SMS. Jeder Buchstabe muss richtig sein. Dann spricht dir Stjarni über die Trense sofort eine Antwort.»
Theres sammelte langsam die Zügel ein. Stjarnis Antwort war freundlich, kein Rucken, kein Ziehen, sondern Kauen und Spielen mit dem Trensengebiss. Und sie vergaß allen Ärger dieser Woche. Es gab nur noch einen Ort auf der Welt und der war Stjarni. Vergessen waren auch die quälenden Gedanken der Nacht. Es gab keine Nacht, nur noch diesen Tag, kein Gestern, kein Morgen, nur jetzt. Nur diesen Augenblick. Auch die anderen waren weit entfernt. Es gab keine Laura, keine Carolin, keine Christina. Keinen Felix? Keinen Felix! Keine Bjalla? Doch.

«Isa», sagte Theres, «was soll ich machen? Bjalla ist ganz anders. Ich habe keine Angst, dass ich runterfalle, aber irgendwie ist er so – so wackelig.»
Zum ersten Mal in ihrem Leben saß sie auf einem Fünfgänger. Und zum ersten Mal saß sie auf einem Pferd, das nur von einem Profi mit feinsten Hilfen geritten wurde.
«Schon mal gut, dass du es merkst», sagte Isa neben ihr. «Versuch mal, gar nichts zu machen. Horch deinen Hintern ab. Hirn in den Hintern. Ein guter Reiter hat das Hirn im Hintern.»
Theres stützte die Hände auf den hohen Hals und versuchte ‹ihren Hintern abzuhorchen›. Da musste sie lachen.
«Was ist denn so komisch?», fragte Isa.
«Ich dachte gerade, du solltest mal eine Reitlehre schreiben und die soll heißen: *Hirn im Hintern*.»
«Gut!», sagte Isa. «Wir schreiben die Reitlehre. Also, du stellst eine Birne auf den Tisch, so eine richtig reife Birne, so eine dicke – he, schau mich an, wenn ich mit dir rede!»
Theres schaute zu Isa nach links – Stjarni bog den Hals und seinen ganzen Körper nach links und lief seitwärts.
«Was macht er denn jetzt?», flüsterte Theres. «Ich hab doch nicht …»
«Doch. Du hast die Hilfen zum Schulterherein gegeben. Du hast deine Schultern gedreht, also dreht er seine auch. Gar nicht so schlecht. Jetzt aber versuchst du, mich nur mit dem Gesicht anzuschauen. Dein Körper geht geradeaus. Also, auf die Birne setzt sich eine Fliege. Was passiert?»
«Ich scheuche sie weg.»
«Jetzt sei mal nett zu Fliegen und lass sie da. Was passiert?»
«Ich weiß nicht. Nichts.»

«Richtig! Nichts. Jetzt drehen wir die Birne um und stellen sie auf die Birnenspitze. Und wieder kommt die Fliege, fetter Brummer, und setzt sich auf die Birne. Was passiert?»
«Wenn wir Pech haben, fällt die Birne um.»
«Sehr gut. Das tut sie. Ein gut gerittenes Pferd ist wie eine auf die Spitze gestellte Birne. Es reagiert auf die geringste Gewichtsverlagerung. Und darum muss das Hirn in den Hintern, denn im Hirn hast du die meisten Nerven und kannst am feinsten reagieren.»
Schritt reiten war nie so aufregend gewesen. Isa diktierte ihr die Hilfen zum Schulterherein, Stjarni bog sich und schritt seitwärts auf dem Waldweg.
Da sahen sie, wie weit vorne Sven sich im Sattel umdrehte und über die Gruppe schaute.
«Warum rast sein Pferd jetzt nicht wie ein Kreisel, wenn er sich so im Sattel verdreht?», fragte Theres.
«Weil Sven das Hirn im Hintern hat», erklärte Isa. «Alsvidur kriegt ganz genaue Anweisungen.»
«Schafft die Theres das mit dem Stjarni?», rief Sven.
«Kein Problem», rief Isa zurück.
«Dann können wir traben?»
«Nur zu!»
Isa blieb neben Theres und zeigte, wie sie mit der auf die Spitze gestellten Birne umzugehen hatte.
Dann der Tölt!
«Stjarni ist leicht zu tölten», sagte Isa. «Felix da vorn wird es mit Kari sehr viel schwerer haben. Aber der schafft das. Du kannst Stjarni im Tölt behandeln wie Bjalla.»
Das tat Theres, aber was sie damit auslöste, war etwas anderes. So konnte Bjalla nicht tölten, so nicht. Sie hatte das

Gefühl, sie säße auf einer Sprudelflasche, auf den schäumenden, perlenden Luftbläschen einer Sprudelflasche mit viel Kohlensäure. Das brauste und prickelte durch ihr Hirn im Hintern und die schwarze Mähne floss ihr über beide Hände. Dagegen war Bjalla ein nahezu stilles Wasser. Theres sprudelte den Waldweg entlang, weit entfernt von jedem anderen Ort als Stjarnis Rücken.
Da riss ein Schrei sie in den Wald zurück. Sie erschrak nicht, sie war nur verwundert. Es gab auch keinen Grund zu erschrecken. Es war ein Freudenschrei.
«Der Blesi töltet!», rief Christina. «Jetzt schaut euch das an.»
Tatsächlich. Theres sah vor sich den hellen Schweif des Fuchswallachs. Der flatterte nicht einfach hin und her, der schwang in s-förmigen Wellen und bewies damit allen, die ihn nur von hinten sahen: Blesi ging Tölt.
Christina tickte Svala mit der Gerte an und trieb sie neben Alberta.
«Sitz noch ein bisschen weiter zurück. Den Oberkörper. Ein bisschen nur. Gerade sitzen, nicht kippen. Nein! Nicht dabei die Beine nach vorn rutschen. So ist es perfekt.»
Sie ritt neben Alberta und half ihr, dass sie Blesi im Tölt halten konnte.
Auch Theres trieb ihr Pferd weiter nach vorn. Sie sah zwei Gesichter: Albertas gespannten, nach innen gesunkenen, begeisterten Blick und Janas Verzweiflung. Denn Jana ritt noch immer keinen Tölt.
Theres ließ sich zurückfallen, um wieder neben Isa zu kommen, war ein paar Schritte gleichauf mit dem anderen tiefschwarzen Pferd, Svala neben Stjarni, Christina schaute sie an und lächelte.

«Frieden?», flüsterte sie.
Theres nickte. Natürlich wollte sie Frieden.
Als Theres wieder neben Isa war, fragte sie: «Also das Hirn kommt beim Reiten in den Hintern. Was mach ich mit dem Herz?»
«Das nimmst du in die Hände, das hältst du in den Fingern, nichts anderes als dein Herz spricht mit dem Maul deines Pferdes. Isas Reitlehre: Hirn in den Hintern – Herz in die Hand – fertig.»
Sie erreichten den unteren Waldweg.
«So, das ist unsere Pass-Strecke», sagte Sven, «Laura fängt an. Ich begleite dich. Oder willst du?»
«Wir müssen je zwei begleiten», sagte Isa. «Nimmst du Laura und Felix und ich reite mit Carolin und Theres.»
Sie stellten sich auf der Wiese auf.
«Alle in einer Reihe», sagte Isa, «es gibt nur beste Plätze in diesem Theater.»
Sven und Laura trabten ein Stück des unteren Waldweges zurück und wendeten. Sie näherten sich im Galopp um eine sanfte Linkskurve, und als sie auf die Gerade kamen, streckte sich Lauras Fuchs, er wurde flacher, dabei schneller, er sprang nicht mehr, er glitt über den Weg. Alsvidur konnten sie nicht sehen, weil Sven ihn auf gleicher Höhe neben Laura hielt.
«Ziemlich gut», lobte Isa. «Mehr kann Glana nicht. Sven hat Alsvidur zurückgehalten. Wir können unsere erst richtig losschießen lassen, wenn sie neben Kari und Stjarni gehen. Carolin!»
Die hatte weniger Glück. Nach ein paar Metern Pass sprang ihr Pferd wieder in Galopp. Sie versuchte es noch einmal, aber es gelang nicht.

«Felix!»
«Langsam, Sven!», Isa hielt die beiden auf. «Jetzt erklär doch mal den Neuen, was das ist: Pass.»
«Was soll man da erklären? Schaut hin und macht es nach, wenn ihr ein Pferd habt, das es kann. Dazu kann man nicht viel sagen. Altes isländisches Sprichwort: ‹Nicht reden. Reiten!›»
«Glaubt ihm nichts», sagte Isa. «Sven ist ein miserabler Reitlehrer, weil er nichts sagt. Er erfindet immer nur ‹alte isländische Sprichwörter›. Also: wir galoppieren da um die Kurve in einem lockeren Galopp mit leichter Zügelverbindung und im Entlastungssitz. Dann richten wir uns auf, nehmen die Zügel ein bisschen mehr an und ...»
«... vergessen, dass es so etwas gibt wie ‹Widerstand›», unterbrach Sven, «Spannung, ja, aber kein Widerstand. Pass ist ‹Fließen ohne Widerstand›. Felix, sag mal ‹Widerstand›!»
Felix sagte: «Widerstand.»
«So – und jetzt vergiss es.»
«Sven!», protestierte Felix, «das ist gemein. Das ist genau so eine blöde Falle, wie wenn mir jemand sagt: ‹Denk mal nicht an ein Kamel.› Ich kann jetzt nichts anderes mehr denken als ‹Widerstand›.»
«Siehst du», sagte Sven zu Isa, «das kommt dabei raus, wenn man redet. Jetzt komm. Reden ist Silber, Reiten ist Gold!»
Wenige Minuten später vergaß Felix, dass es so etwas gab wie ‹Widerstand›. Und alle, die zuschauten, vergaßen es auch. Alsvidur und Kari flossen über den Waldweg in schwindelndem Tempo und ohne jeden Widerstand. Kari war eine Pferdelänge voraus, Sven hatte Felix sein bestes Pferd gegeben. Es war nicht das Tempo, das Theres so staunen

ließ – galoppierende Pferde sind auch schnell –, es war das Fließen, es fehlte das Springen, das Hämmern der Hufe, es war ein Fluten und Rauschen. Es war ein Rausch. Als Felix im Schritt zurückkam, sahen sie in seinen Augen: Es war ein Rausch.

«Theres!»

Isa und Theres gingen im Schritt über die Wiese. Schweigend. Sie trabten eine Strecke auf dem Waldweg zurück. Schweigend.

Sie wendeten und trabten an. Sie galoppierten um die Kurve. Und dann? Theres richtete sich auf und nahm die Zügel an. Stjarni hörte auf zu springen. Er wurde kleiner, flacher. Es fühlte sich an, als würde er unter ihr davonschießen, aber er nahm sie mit, er nahm ihren ganzen Körper mit, nur mitdenken konnte sie nicht so schnell. Theres ritt zweihundert Meter Rennpass.

Zweihundert Meter Himmelsbahn, fünfzehn Sekunden Seligkeit …

Am nächsten Morgen fragte Christina: «Reitet ihr heute die Señores?»

Es war kaum eine Frage, es war mehr eine Feststellung.

«Ja, Christina kennt das», sagte Isa. «Länger als drei Tage dürfen wir die Herren nicht herumstehen lassen. Wollen wir auch nicht. Christina hat das oft genug erlebt: am vierten Tag des Reitkurses machen wir einen Abstecher nach Spanien. Heute Nachmittag.»

Ja, es war der vierte Tag des Kurses. Und der letzte. Aber das ahnte noch keiner. Isa und Alberta hatten Pizza gebacken. Die stand bereit, musste mittags nur noch in den Ofen

geschoben werden. Von nun an würde es nur noch Pizza geben. Aber davon ahnten sie auch noch nichts.
Theres fühlte sich frisch. Mit Rennpass im Hirn und Hirn im Hintern war sie gestern ohne böse Gedanken eingeschlafen.
Als Isa für die Morgenreitstunde die Pferde einteilte, schlug Laura vor: «Kann Jana nicht mal den Blesi nehmen? Den hat gestern doch sogar Alberta getöltet.»
Warum machte sie das? War das gut gemeint? Oder war es pure Boshaftigkeit, die so freundlich daherkam, als sei sie gut gemeint? Es war schlimm genug für Jana, dass sie immer noch nicht tölten konnte. Sollte sie nun noch heruntergestuft werden zum Anfänger auf dem Anfängerpferd?
Theres war wütend auf Laura. Sie schielte aus den Augenwinkeln auf Janas trauriges Gesicht. Wenn Jana traurig aussah, war das schlimmer als bei anderen Leuten. Es war unnatürlich, denn Jana war immer fröhlich gewesen – bis sie ihren geliebten Askan verlor – und ihre Freundinnen wegliefen vom Ulmenhof. Mit solchen idiotischen Vorschlägen half Laura ihr nun wirklich nicht. Aber es kam noch schlimmer.
«Oder Svala!», rief Christina. «Willst du Svala? Die töltet wirklich ganz von selbst.»
Was soll das jetzt?, dachte Theres. Soll das heißen, Jana ist im Grunde behindert? Mindestens so behindert wie Christina?
Theres' schielende Augen sahen, wie Janas Gesicht immer starrer wurde.
Damit treiben sie Jana nur weg von hier, dachte Theres. Sind die blöd oder wollen die das? Sie machen mir alles kaputt.
Aber Isa reagierte richtig.

«Daran liegt es nicht. Was Jana braucht, ist nicht ein besonders leichtrittiges Pferd. Sie reitet ja ziemlich gut. Was Jana braucht ist - ach, wenn ich das wüsste.»
«Askan», flüsterte Jana so leise, dass nur Theres es hörte. «Askan.»
Isa gab Jana Sokki, und in der Reitstunde sagte sie: «Jana, du musst aufhören zu singen: ‹My heart is in the highland, my heart is not here.›»
«Was tue ich?», fragte Jana.
«Du singst ein altes schottisches Volkslied: ‹My heart is in the highland, my heart is not here›, für dich übersetzt, heißt das so viel wie: ‹Mein Herz ist auf dem Ulmenhof, mein Herz ist nicht hier.› Stimmt's?»
«Fast», sagte Jana, «nicht ganz. Ein Teil ist auf dem Ulmenhof, ein Teil ist bei Askan und ein Teil ist auch hier. Aber bei Theres und Alberta und Felix. Nicht bei Sokki. Da hast du recht. Das willst du mir doch sagen: Ich bin nicht bei meinem Pferd.»
«Genau. Und solange du das nicht bist, kannst du nicht reiten. Und das ist nicht fair, ich meine, deinem Pferd gegenüber. Jetzt sei bei deinem Pony. Ganz!»
Jana nickte. In dieser Reitstunde gelang ihr zum ersten Mal eine Runde Tölt. Aber die Begeisterung blieb aus. Jana fand nichts Besonderes an dieser Gangart.
«Im Gelände, Jana», versprach Isa, «morgen im Gelände, da ist er ein Erlebnis, wenn er töltet. Morgen!»
«Also, ihr seid damit einverstanden, dass die Isländer heute Nachmittag frei haben und wir euch die Spanier vorreiten. Dabei könnt ihr auch einiges lernen. Morgen machen wir dafür einen Wanderritt bis hinunter zum See.»

Beim Mittagessen war die Stimmung gut. Jana freute sich doch, dass es ihr gelungen war, Sokki zu tölten, und Theres freute sich mit ihr. Sie genoss ihre Gemüsepizza.

Nur Natalie ging ihnen auf die Nerven. Sie hatte einen Zettel neben ihrem Pizzateller liegen, fragte Sven dauernd nach isländischen Namen und Farben und schrieb alles mit olivenverfetteten Fingern auf.

«Aber Skuggi», sagte sie, «der ist doch ein Schecke, der ist genauso hell wie dunkel. Wieso heißt Skuggi ‹Schatten›, so würde ich einen Rappen nennen.»

«Ich auch», stimmte Sven zu, «Skuggi klaut alles, was er erwischen kann. Ich glaube, er hat den Namen geklaut.»

Am Nachmittag holten Sven und Isa die Señores und brachten sie zum Putzplatz.

«Darf ich die Herrschaften vorstellen», sagte Sven.

«Wir kennen sie doch alle», unterbrach Christina in ihrem Rollstuhl.

Aber Sven ließ sich nicht beirren:

«Das ist Don Pedro Calderòn de la Barca, ein spanischer Dichter. Und dieser Federico García Lorca, auch ein spanischer Dichter. Wir bitten euch darum, sie anzureden mit Señor Calderón und Señor García. »

Sie fingen an, die beiden Schimmel zu putzen.

«Señor García hat Stroh im Schweif», sagte Laura.

«Ja – und ich finde Señor Calderón hat einen Speckhals», sagte Alberta.

«Was?!», Sven tauchte unter dem Hals hindurch auf die andere Seite seines Pferdes. «Was hast du gesagt?»

«Ich finde, Señor Calderón hat einen Speckhals», wiederholte Alberta.

«Ihr habt noch nie einen richtigen Hengst gesehen», schimpfte Sven, «das ist ein Hengsthals.»
«Aber einen Mistfleck hat er. Señor Calderón hat einen Mistfleck am Sprunggelenk.»
«Senõr García lässt was fallen. Pass auf, Isa, sonst steht er mit seinen Hufen – zu spät, Señor García steht in der Scheiße.»
Als sie gesattelt hatten, hoben sie Christina auf Rico. Das war gar nicht so einfach. Andalusier sind zwar nicht groß, aber beträchtlich höher als Svala war Rico doch. Christina ritt und die anderen liefen zum Reitplatz. Da saßen sie auf den zusammengewürfelten Bänken und Gartenstühlen.
Und dann ritten Isa und Sven die andalusischen Hengste. Und niemand behauptete mehr, Señor Calderón habe einen Speckhals.
«Du», Jana stieß Theres an, «sie sind auf dieselbe Weise schön wie Alberta. Findest du nicht? Wenn man sie so stehen sieht, kommen sie einem ein bisschen fett vor, aber wenn sie sich bewegen …»
«Ja», Theres nickte und wandte keinen Blick von den Schimmeln, «und Alberta kann sich auch so bewegen.»
«Mein Gott, sind die schön, ich habe richtig Angst, ich werde Askan, wenn ich ihn wiedersehe, mager und knochig finden.»
Die beiden Schimmel tanzten ihre Hohe Schule. Isa und Sven saßen lässig im Sattel, und es sah aus, als bewegten sie sich überhaupt nicht.
«Wie machen sie das?», fragte Alberta. «Sie machen doch gar nichts.»
«Ja», sagte Felix, «ich glaube, das ist es. Sie machen nichts. Nichts Falsches.»

Isa und Sven parierten ihre Pferde aus dem versammelten Galopp – und da standen sie, so dicht nebeneinander, dass Svens linker Steigbügel Isas rechten berührt hätte, wenn er seinen nicht mindestens drei Loch länger geschnallt hätte. Sie ließen die Zügel durch die Finger gleiten, Rico und Pedro streckten die langen Hälse, die wieder zu Speckhälsen wurden, schüttelten die Mähnen, gingen geruhsamen Schritt, und als Pedro dicht an den Zuschauern vorbeilief, sagte Sven: «Felix», und Isa rief: «Nein!»

Sven reagierte nicht darauf, er ritt einfach weiter, die Zügel hatte er auf Pedros Hals gelegt. Dennoch war es kein Zufall, dass Pedro in die Mitte der Bahn ging und stehen blieb. Es gehorchte nur einer leichten Gewichtsverlagerung und einem unsichtbaren Schenkeldruck.

«Laura ist gescheitert», sagte Sven. «Wir haben sonst niemand. Tut mir leid für den Ulmenhof, aber wir brauchen Felix.»

Auch Isa hielt nur das äußerste Zügelende in der Hand. In immer kleiner werdenden Kreisen ritt sie um Sven und Pedro herum.

«Das ist gegen unsere Abmachung», sagte sie, «das ist aktives Anlocken und Ausspannen von deren bestem Reiter. Wir wollen Frieden …»

Ja, Sven, dachte Theres, hol Felix her, hol ihn …

Sven zuckte leicht die Achseln.

«Wir können so viel Frieden wollen wie die gesamte Friedensbewegung hoch drei, es wird trotzdem einen ziemlich kalten Krieg geben, weil die Zicke da keinen Frieden will.»

Theres spürte, wie Jana neben ihr zusammenzuckte. Mit der ‹Zicke da› konnte Sven nur Bettina gemeint haben.

«Die wird Gift spritzen», fuhr er fort. «Sie wird Felix vergiften. Sie wird ihn verderben und so einen verkniffenen Turnierreiter aus ihm machen. Der kann nämlich nur gut reiten. Ich glaube nicht, dass er stark genug ist, um sich gegen so was zu wehren. Wir sollten ihn retten.»
Nicht, Sven, dachte Theres, so nicht …
«Ich wusste gar nicht, dass du so fürsorglich bist», zischte Isa ihn an. «Und es ist ein halbes Jahr her, dass Laura gescheitert ist, und sie hat inzwischen...»
«Goldene Hände», unterbrach Sven, «der Junge hat goldene Hände, Laura nicht, höchstens silberne und das …»
«Das ist fies!», schrie eine Stimme, die eigentlich gar nichts damit zu tun hatte, denn es war weder Janas noch Lauras noch Felix'. «So gemein, über die zu reden, während alle zuhören! Dass ihr das macht! Da geh ich lieber zurück zum Ulmenhof!»
«Alberta, nein!», rief Isa. «Ich habe nichts Gemeines gesagt, ich brauche dich, bitte …»
«Und du spannst ihnen die aus», lachte Sven.
«Alberta hat auf dem Ulmenhof keine Chance und die – ach, Scheiße, ich will das alles nicht, ich will Frieden, wirklich!»
«Und ich will Offenheit!» Sven schaute die Gruppe jetzt direkt an, auch Laura. «Ich sage euch immer ins Gesicht, was ich von euch halte …»
«Und genau das macht Bettina auch.»
Jana sprach nicht einmal laut, aber so klar und deutlich, dass alle sich ihr zuwandten.
«Das Problem ist nämlich», fuhr Jana fort, «du bist Bettina sehr, sehr ähnlich, du siehst nur anders aus und du bist nicht so hektisch.»

Plötzlich war es völlig still, und Theres dachte: Was für eine tolle Freundin verliere ich da, jetzt in diesem Augenblick. Auch Isas Pferd blieb stehen, und sie war es, die in die Stille sagte: «Treffer, Jana, gefährlicher Treffer.»
Sven sprach weiter, aber seine Stimme klang nicht mehr ganz so sicher: «Ich möchte ja doch eigentlich nur – ich meine, ihr alle sollt wissen, es geht ums Reiten und um die Pferde, nichts sonst. Wir brauchen jemand, der uns mit den Hengsten hilft. Wir haben zu wenig Zeit für sie, und sie sollten jeden Tag bewegt werden. Das ist keine leichte Aufgabe, und die geben wir dem, der am besten für die Pferde ist, das ist der einzige Grund ...»
«Glaub ich dir nicht!» Endlich Laura. «Du hast einen anderen Grund. Felix ist hier der einzige Junge. Drüben hatten wir Simon und Lucas. Denen hast du auch immer die besten Pferde unter den Hintern geschoben, Simon durfte Kari reiten, und der hat überhaupt keine goldenen Hände, nicht mal silberne, du willst Felix nur, weil er ein Junge ist ...»
«Nein, Laura, nein!»
Christinas Stimme. Wie hatte sie es geschafft aufzustehen? Sie musste sich mit beiden Händen kräftig von der Bank abgestoßen haben, und sie war viel zu weit vom Reitplatzzaun, um sich daran zu halten, es war nichts um sie herum, worauf sie sich stützen konnte.
Typisch, dachte Theres, die verlässt sich einfach darauf, dass jemand angesprungen kommt und ihr hilft.
Hatte sie mit Laura gerechnet? Die saß vor ihr und starrte ins Nichts.
Felix, dachte Theres, sie will, dass Felix sie in seinen Armen auffängt. Aber Felix saß weiter rechts neben Alberta.

Sie will ihn zu sich zwingen dachte Theres, diese Hexe …
Es war Carolin, die sofort aufstand, Christina am Ellbogen fasste und ihr jene Stütze gab, mit der Christina für eine kleine Weile stehen konnte. Felix hatte sich gar nicht bewegt. Seine rechte goldene Hundewelpenpfote knetete seine linke goldene Hundewelpenpfote. Und neben Carolin stand Christina in der Sonne, in einem Licht, das sich langsam zum Abendrot färbte. Das hatte eine ähnliche Wirkung wie die Lampe, unter der Theres sie vor vier Tagen kennengelernt hatte. Ihr eigentlich nur braunes Haar hatte wieder diesen Schimmer – wie Kastanien, die frisch aus der Schale geplatzt sind oder – Theres fuhr zusammen – wie Dolly, im Abendrot hatte Christinas Haar dieselbe Farbe wie Dollys Fell. Flog Felix deshalb so auf dieses Mädchen? Wie sie das ausnützte! Denn gerade eben hörte Theres sie sagen: «Tut mir leid, Laura, aber Sven hat einfach recht. Felix, ja, ich glaube, man kann es nicht anders sagen, er hat wirklich goldene Hände.»
Auf deiner Schulter, auf deinem Hals!, schrie es tief in Theres. Du hast ihn doch noch gar nicht reiten sehen! Du hast doch gar keine Zeit zu gucken! Du hast doch viel zu viel zu tun mit deinem eigenen Pferd unter deinem Bleihintern, mit deinen Plastikbeinen, du –
Und wie kam dieser Goldglanz auf Christinas bloße Unterarme? War das wirklich nur das Licht? Theres schaute auf ihre eigenen Arme, aber natürlich hatte sie längst einen Pulli übergezogen, und sie wusste nur zu gut: unter der hellblauen reinen Lammwolle war ihre Haut blass, nichts als fahl und bleich.
Es sind Felix' goldene Hände, dachte sie und schielte auf

Christinas Arme, die haben ihr den Goldglanz gegeben, er hat ein bisschen was von diesem alten griechischen König, der alles zu Gold machte, was er anfasste …

Und sie könnte jetzt auch so einen Goldschimmer haben, wenn er sie nur berührt hätte, als sie sich auf dem alten Gutshof getroffen hatten. Aber sie hatte ihm Tic Tacs in die Hundepfote gekippt, das war alles. Unter der blauen Lammwolle erkalteten ihre Arme, und die Haut zog sich zu einer Gänsehaut zusammen. Wenn Felix doch nur ein bisschen mehr hätte von diesem griechischen König. Midas, richtig, Midas hieß der, dann wäre Christina jetzt eine massiv goldene Statue, und man könnte sie einfach wegwerfen. Theres hatte keine Probleme damit, eine lebensgroße goldene Statue wegzuwerfen. Die wäre wahrscheinlich sowieso weniger wert als der vollblütige Zellklumpen in einem Chicagoer Safe – Himmel – nein! – nicht wieder daran denken, bloß das nicht!

Die nicht ganz massiv goldene Statue sank zurück auf ihren Platz, gestützt von Carolin.

«Danke, Christina», sagte Sven, «das war das vollkommen sachliche Urteil von einer, die wirklich objektiv ist, weil sie an dem Kampf um die besten Pferde nicht teilnehmen kann. Christina hat keinerlei persönliches Interesse …»

Weiter hörte Theres nicht zu.

«Idiot!», zischte sie so laut, dass Jana fragte. «Was hast du gesagt?»

«Es liegt bei dir, Felix», fuhr Sven fort, «willst du?»

«Er will nicht», murmelte Jana, «er will nicht, er will nicht …»

Felix blickte von seinen umstrittenen Händen auf und sagte:

«Ja.»
«Also!» Sven sprang von Pedro.
«Laura!», rief Isa und war so schnell von Rico gesprungen, dass ihre Füße fast im selben Augenblick den Boden erreichten wie Svens lange Beine. Felix und Laura standen langsam auf. Er lächelte, und leise rief er zu ihr hinüber: «Es sind doch zwei, sie haben doch zwei davon.»
Laura saß dann als Erste auf dem Pferd. Sie konnte mit Isas Bügellänge reiten. Sie nahm schon die Zügel auf und lauschte mit ernstem, gespanntem Gesicht Isas Anweisungen, während Felix und Sven noch an den Bügeln herumschnallten. Aber dann stieg er auf, und wenn in seinem Gesicht und in seinem Körper eine Spannung gewesen war, so fiel sie von ihm ab, als er sich tief in den Sattel setzte.
Es sind nicht nur die Hände, erkannte Theres.
Sie hatte das schon öfter beobachtet. Felix war angespannt und nervös unter Bettinas Anweisung durch die Stallgasse gekrochen, doch sobald er auf Dolly saß, war er nur noch glücklich gewesen.
Die beiden jungen Reiter hatten nur die Trensenzügel aufgenommen. Laura ließ Rico seitwärts treten, Schenkelweichen, Schulterherein. Felix ritt Pedro einfach so vor sich hin. Obwohl Laura kein bisschen am Zügel zog, obwohl sie mit völlig ruhiger Hand ritt, fing Rico an, das Maul aufzusperren und mit dem Kopf zu schlagen. Pedro kaute am Gebiss, richtete den Hals auf, hob das Genick, seine Ohren spielten, sein ganzer Körper sagte: «Komm, ich kann mehr.» Felix war ganz in das Pferd versunken, seine Hände flüsterten mit Pedros Zunge.
Als er angaloppierte, blieb Laura mitten in der Bahn stehen.

Sie schaute ihm zu. Und während ihr Blick ihm folgte, drehte sich Rico um die Hinterhand. Isa und Sven sahen sich an. Sie lächelten beide. Felix parierte durch zum Schritt.
«Das war super, Laura», sagte Sven, «ich meine die Hinterhandswendung, die du da gerade gemacht hast. Als du nichts mehr wolltest, hat dein Körper alles richtig gemacht.»
«Genau», stimmte Isa zu, «solange du geritten bist, hast du viel zu viel gewollt, und Rico hat sich verspannt. Aber wenn du nichts mehr beweisen musst, bist du gut. Du hast viel gelernt. Wir versuchen das. Rico ist mein Pferd. Willst du ihn? So dreimal in der Woche locker vorwärts gehen lassen. Ohne Ehrgeiz. Später bau ich dich dann auf. Also willst du?»
Die Frage war vollkommen überflüssig. Laura gab auch keine Antwort. Sie strahlte nur.
«Und dich frage ich zunächst einmal nicht», sagte Sven. «Dass du ihn haben kannst, weißt du, aber ich möchte, dass du in Ruhe darüber nachdenkst.»
Felix nickte. Jana aber flüsterte vor sich hin: «Den hab ich jetzt auch verloren, den auch.»
«So! Füttern!», bestimmte Isa.
«Wir sollten den Zaun vom Treibgang noch umstecken», meinte Sven. «Morgen müssen die Pferde auf eine andere Weide.» Er schaute nach Westen. «Ich glaube, nach dem Füttern ist es zu dunkel. Dann mache ich das morgen früh, und die Herrschaften müssen eben ein bisschen warten.»
«Darf ich Rico vor dem Reiten putzen?», fragte Laura. «Wir sind nicht dran mit Stalldienst morgen. Wenn ich früher aufstehe, könnte ich ihn putzen. So zum Kennenlernen.»
«Klar», sagte Isa, «das ist immer gut. Aber warte, bis er sein Frühstück gegessen hat.»

Inzwischen war der Himmel rot. Nicht nur Christinas Gesicht strahlte im Glanz. Isa schaute nach Westen.
«Morgen großer Ausritt zum See», sagte sie. «Es wird ein schöner Tag.»
Als Wettervorhersage war das völlig richtig. Aber als Beschreibung des kommenden Tages lag Isa damit vollkommen falsch.

DER TAG ‹NIE› 7

Bodennebel.
Keine Jahreszeit liebte Theres so sehr wie den Herbst. Winter mochte sie nicht, weil es dann so dunkel war. Aber immerhin, der Winter ließ einen in Ruhe. Bis auf Weihnachten. Das war schlimm. Frühling war ihr zu anstrengend, weil man sich immer freuen musste. Frühling war etwas für Jana. Sommer war ihr unangenehm, weil man da immer verpflichtet war, ‹den Sommer zu genießen›. Sommer war etwas für Alberta. Im Herbst aber durfte man ein bisschen traurig sein, und Theres kam sich viel normaler vor. Hatte nicht auch Felix einmal gesagt, er möge am liebsten den Herbst? Hatte er nicht. Hatte er doch!

Theres war sofort wach gewesen, als Jana sie weckte. ‹Ausritt zum See› war ihr erster Gedanke, und damit überflutete sie eine Freude, die überhaupt nicht anstrengend war, weil sie ganz sicher für sie bereitstand: Bjalla und der Wald und die milde Herbstsonne zwischen den Blättern und der Tölt und der See und die Sahnemähne über ihren Händen, die so leicht die Zügel hielten, als führe sie eine Libelle an einem Spinnwebfaden spazieren. Bjalla und … war ihr erster Gedanke, als sie die Augen aufschlug. Offenbar hatte sie den ganzen Ärger der Vorabends weggeträumt.
Das war ungewöhnlich. Normalerweise musste Theres ihr Federgewicht wie einen Nashornkörper durch klumpige graue Wolken aus dem Schlaf in den Tag zerren. Und sie brauchte meist lange, bis ihr etwas einfiel, worüber sie sich freuen konnte. Aber Bjalla … und der See …
Es wird besser, dachte sie, mit Bjalla wird alles besser.
Sie zog ihre Jeans an, fand ihre Stallschuhe nicht und schlüpfte gleich in die Jodhpur-Stiefel.
Wir reiten ja doch bald, dachte sie.
Es war auch ungewöhnlich, dass es Jana war, die sie weckte. Wenn sie bei Jana übernachtete, hatte sie die Freundin immer wachrütteln müssen. Aber dann war sofort die Lust auf Abenteuer in Janas Augen gesprungen. Die fehlte jetzt. Jana sah müde aus. Noch verschlafener stolperte Natalie hinter ihnen durch das große Hoftor in den Morgennebel. Wahrscheinlich hatte sie die halbe Nacht mit ihrer Taschenlampe das Buch über Islandpferde gelesen, das Alberta morgen in die Bücherei zurückbringen wollte. Einzig Barana war munter und freute sich über den verfrühten Morgenspaziergang. Alberta war im Haus und half Isa beim Kartoffel-

schälen. Und Felix? Der war schon draußen. Offenbar kam er von den Waschanlagen und Toiletten zurück. Sie trafen sich mitten auf dem Hof und gingen wortlos weiter, bis Jana plötzlich wütend sagte: «He!» Sie trat einen Schritt auf Felix zu und zupfte einen Halm von seinem Ärmel.

«Heu!», knurrte sie. «Das ist Heu!»

Und Theres dachte, so ungefähr hatte die Stimme ihrer Mutter geklungen, wenn sie vor vielen Jahren am Pulli ihres Vater ein Haar gefunden hatte, ein schwarzes, rotes oder braunes, egal, auf jeden Fall nicht blond wie ihres.

«Was?», fragte Felix ziemlich verblüfft.

«Das ist Heu!», schimpfte Jana. «Wir schlafen im Stroh, nicht im Heu.»

Felix kapierte immer noch nichts. Theres auch nicht.

«Du bist früher aufgestanden», fuhr Jana fort, «weil du mit Sven die Hengste gefüttert hast. Weil du diesen dicken Gaul mit dem Speckhals reiten willst.»

Ach so …

«Nein, Jana, nein, ich, ich …», stammelte Felix, «ich war nur auf dem Klo. Das Heu ist von gestern, ich habe gestern Abend die Ponys gefüttert, Jana, ich …»

Aber Jana lief schneller voran, und Natalie schrie ihr nach: «Das geht dich doch gar nichts an! Das muss er doch selber entscheiden! In alles mischst du dich ein! Und dicke Gäule sind schöne Pferde, schwarze und weiße. Auch schwarze!»

Was meint sie damit?, dachte Theres, aber vergaß es sofort, denn sie erreichten den Stall, und da war Bjalla …

Nein, im Stall war Bjalla nicht. Die Islandpferde waren draußen im Paddock oder auf der Koppel. Nur Skuggi und Vindfaxi kamen ihnen entgegen, als sie das schwere Stalltor aufzogen. Ihre Hufe klapperten über den Steinboden, sie rempelten sich an, Skuggi legte seinen dunklen Kopf mit der schmalen Blesse über Vindfaxis helle, windfarbene Mähne. Der duckte sich, stieg, und schon waren auch Skuggis schwarz-weiße Beine hoch in der Luft, und sie sahen den hellen Bauch seines gescheckten Fells.

«Typisch», sagte Theres, «die wollen raus. Die beiden sind die Gefräßigsten von der ganzen Herde.»

«Vindfaxi hat wenigstens den richtigen Namen», erklärte Natalie, «Vindfaxi bedeutet Windmähne. Weißt du eigentlich, was Bjalla heißt?»

«Natürlich!», zischte Theres sie an.

Während sie durch den Stall gingen, schaute sie auf den dick mit Stroh eingestreuten Teil. Das frische Stroh war zum größten Teil weggefressen, und es lagen da auch nur wenige Haufen Pferdeäpfel. Die Ponys hatten wohl alle draußen geschlafen, also wenig Arbeit an diesem Morgen, das Mistabsammeln auf der Koppel ging immer schnell. Skuggi biss Vindfaxi in die Kruppe und jagte ihn hinaus, aber zuvor warf Vindfaxi die Hinterbeine hoch, Skuggi wich aus und biss noch einmal zu.

«Ich weiß nicht», murmelte Jana, «ich finde das gefährlich. Dass sie sich nicht wirklich beißen, ist mir klar, aber es kann doch mal einer einen Schlag kriegen. Hast du keine Angst um dein Pferd?»

«Passiert nichts», versicherte Theres, «die wissen genau, wo sie hinhauen.»

«Also ich hätte Angst um mein Pferd», sagte Jana.

Theres genoss den Gedanken, dass es etwas gab, wovor Jana Angst hatte und sie nicht.

«Passiert nichts», wiederholte sie, «nie, hat Sven gesagt.»
Sie erreichten den Paddock. Einige Pferde lagen noch halb verborgen im Bodennebel, sprangen aber sofort auf, als sie die vier kommen sahen. Die alte Gletta wölbte ihren weißen Rücken hoch auf, fast wie einen Katzenbuckel, dann schob sie ihren Körper nach hinten und dehnte die Vorderbeine – ihre Morgengymnastik. Sie schüttelte sich und schnaubte. Theres schaute nach rechts. Da sah sie Sven im Paddock der Hengste. Er hatte die beiden in ihre Boxen gesperrt, weil Pedro sonst Rico nicht in Ruhe fressen ließ.
«Siehst du», flüsterte sie Jana zu, «er macht das allein, er hat Felix gar nicht mitgenommen. Er will, dass Felix seine Entscheidung selber trifft. Das musst du dann auch akzeptieren.»
Eine weiche Nase auf ihrer Schulter ließ sie Janas feindseligen Blick sofort vergessen. Bjalla war gekommen, und der Bodennebel verwandelte sich in eine Wolke. Bei den Pferden weiter draußen auf der Koppel verschwammen die Beine in weißlichen Schleiern. Auf den Wiesen lag der Nebel noch dichter. Bald – Sven schloss bereits das Holztor der Hengstkoppel – bald würde die Herde hinausstürmen auf die Wolkenmatten. Konnte man sich anders als im Himmel fühlen? Sie streichelte Bjallas Nase. Skuggi scharrte und schlug mehrmals mit dem rechten Huf auf den Boden, aber im Paddock hörte man das nicht. Sie sahen Sven zum Haus gehen, da griff er nach einer Rolle Flatterband und nach einem Gegenstand, den sie nicht kannte.
Wozu brauchen wir das?, dachte Theres.
«Der Typ ist eben schlau», murmelte Jana neben ihr – welcher Typ, dachte Theres –, und Jana fuhr fort, «er weiß, dass er

Felix längst an der Angel hat, er muss ihn gar nicht mit zum Füttern nehmen. Er hat einen fetten Speckhals-Köder ausgeworfen, und Felix zappelt am Widerhaken.»

Nicht! Theres versuchte, sich zu wehren. Ich lasse mir meine Freude nicht wegnehmen!

Aber es war ein altes Gesetz ihrer Freundschaft: Es herrschte die Laune, die Jana hatte, und so entglitten ihr die Wattewolken und das Himmelsdasein. Bjalla blies ihr noch einmal ihren warmen Atem ins Ohr, dann ging sie zurück zu den anderen Pferden.

«Wie du gestern schon bemerkt hast», sagte sie etwas bissig zu Jana, «Sven und Bettina – die sind sich sehr ähnlich.»

«Dann kann Felix ja auch bei Bettina bleiben», gab Jana zurück, und mit einer für sie viel zu leisen Stimme sprach sie weiter: «Du hast es gut hier. Du hast dein Pferd und du reitest es super. Ich bin hier ein Flop. Ich kann nicht mit diesen Ponys. Meine Pferde leben auf dem Ulmenhof. Und du hast hier Alberta. Und ich habe da nicht mal mehr Felix.»

Nicht mal mehr Felix!

Wie gern hätte Theres getauscht, hätte Jana zum Ulmenhof Alberta gegeben und statt dessen Felix bekommen. Sie schaute zu ihm hinüber. Da stand er und blickte über das Land, über die Hügel im Nebel. Oh ja, der wusste etwas von Wattewolken und Himmelsdasein, der liebte den Herbst, der war wie sie – sie wartete auf das Kribbeln im Bauch ... das aufregende Kribbeln, das sie so sehr, fast schmerzhaft gespürt hatte, als sie allein mit ihm beim alten Gutshof war ... das Kribbeln ... Kribbeln ... Es war weg. Stattdessen war da nur die Angst, Jana zu verlieren. Und Wut auf Christina!

Diese Kastanienhaarzicke, dachte sie, diese Dollyfellimitation – jetzt lässt sie nicht einmal mehr zu, dass ich *unglücklich* verliebt bin!
Da kam Sven, und sofort war Skuggi nicht mehr der Einzige, der ungeduldig scharrte. Die Herde drängte sich vor dem Treibgang zusammen. Harpa quietschte, wandte Svala das Hinterteil zu, die zog sich zurück und stellte sich wieder neben Bjalla. Außer der kleinen Rolle Flatterband trug Sven eine Baumschere.
«Theres», sagte er, «macht es dir was aus, wenn du vielleicht einen kleinen Stromschlag abkriegst? Wir müssen die Bänder vom Treibgang umstecken. Und die hintere Weide kontrollieren. Und wir können den Strom nicht abschalten. Skuggi merkt das sofort und dann ist er durch, und alle rennen hinterher. Wir sollten schnell sein. Hilfst du mir?»
Natürlich half sie ihm.
Neben Sven gehen. Er war so groß und ohne jede Hast. Schnell sein, aber nicht hastig – kein Problem für Beine dieser Länge. Theres musste fast laufen. Doch sie empfand keine Hektik.
Neben Sven, fiel ihr ein, kam sogar ihre Mutter zur Ruhe. Und darin war er vollkommen anders als Bettina.
Sie gingen durch den Treibgang. Es hatte lange nicht geregnet, aber der Bodennebel machte die Erde feucht, es staubte nicht. Ein paar große flache Steine, die tief im Boden lagen, waren sogar ein wenig glitschig, sodass Theres einmal rutschte, dann trat sie nicht mehr auf die Steine. Einmal drehte sie sich um, weil sie ein Wiehern hörte. Die Pferde drängten sich vor dem weißen Elektroband. Sie sah, wie Skuggi seinen gescheckten Hals vorstreckte, mit den

Nüstern das Band berührte und zurückzuckte. Dann musste sie laufen und Sven einholen. Der schaute nicht nach hinten, er kümmerte sich um nichts als um das, was hier zu tun war: schnell die Weide herrichten, damit die Pferde endlich hinauskonnten. Jetzt wieherten zwei oder drei, aber Theres drehte sich nicht mehr um.

Sven blieb stehen. Rechts führte der Treibgang zur hintersten Weide. Noch war der Zugang durch Elektrobänder gesperrt.

«Wir können das jetzt nicht umstecken», sagte er. «Wenn Skuggi durch den Zaun geht – ich trau ihm das zu –, dann ist es besser, die Herde rennt noch einmal auf die alte Weide. Also müssen wir hier durch die Bänder kriechen. Vorsicht, ist Strom drauf.»

Er bückte sich, und trotz seiner Länge stand er sofort auf der andern Seite. Theres folgte, kam mit dem Knie an das Band, spürte einen kleinen Stromschlag, zuckte, zögerte, schlüpfte dann rasch durch die Bänder.

«Du bist ja wie ein Pferd», sagte Sven und lächelte. «Du reagierst wie ein Pferd. Das bisschen Strom ist für Pferde unangenehmer als für Menschen.»

Theres richtete sich auf. Noch nie war ihre Empfindlichkeit mit so etwas Schönem verglichen worden. Sven zog einen Streifen aus der kleinen Rolle Flatterband.

«Erst das Maisfeld», sagte er und ging weiter.

Rechts neben ihnen war ein kleiner Hügel, um den sich noch etwas Nebel sammelte. Er verdeckte ihnen die Sicht auf die Koppel. Sie konnten die Pferde nicht mehr sehen, aber immer noch hören. Wieder wieherte eines, und dann hörten sie Janas Stimme: «Zurück! Gehst du zurück!»

Etwa fünfzig Meter weiter links lag dicht neben dem Elektrozaun ein Maisfeld, das noch nicht abgeerntet war. Die Maiskolben waren prall und reif, die Blätter schon gelb oder bräunlich beige. Sven wickelte das Flatterband um den ersten der weißen Stäbe vor dem Mais.
«Halt mal», verlangte er und gab ihr die Baumschere.
Sie folgte ihm von Stab zu Stab, um jeden schlang er das Flatterband.
«Doppelte Sicherung», erklärte er. «Da gehen sie nicht durch. Ein paar sind gierig auf Mais.»
«Sven», sagte Theres, «was ist, wenn sie doch durchgehen?»
«Tun sie nicht.»
«Und wenn doch?»
«Dann haben wir ein Problem.»
«Sven! Die kriegen wir nie alle schnell genug wieder eingefangen!»
«Die laufen da vorbei.»
«Und wenn nicht? Die kriegen eine Kolik! Die fressen sich tot!»
«Wir haben das schon oft so gemacht», beruhigte Sven. «Jetzt reg dich nicht auf. Die gehen da nicht durch. Nie.»
Nie, dachte Theres. Kann es nicht sein, dass er irgendwann einmal kommt, der Tag ‹Nie›?
Das Maisfeld grenzte nicht mehr als hundert Meter an den Zaun, und bald dahinter lag die Weide. Sven nahm ihr die Baumschere ab.
«Wahrscheinlich ist nichts», sagte er. «Die Weide ist gut ausgemäht, auch unter dem Zaun. Aber es kann sein, dass der Sturm Äste dahin geweht hat. Wenn die im Zaun liegen, reißt du sie raus. Das erdet sonst, und der Strom ist weg.

Wenn du es nicht schaffst, musst du warten, bis ich komme. Du kannst alles anfassen, hier ist jetzt noch kein Strom drauf. Ich geh rechts und du links, bis wir uns treffen.»
Also lief Theres an dem Elektroband entlang, nur einmal warf sie einen Blick zurück auf das Maisfeld und ging rückwärts. Sie dachte an Pferde im Mais und vergaß den Zaun. Aber dann lief sie beharrlich und aufmerksam vorwärts, sie sollte ja schnell sein. Sie kam gut voran. Doch dann sah sie zwei Zaunstäbe fast platt in der Weide am Boden liegen, das obere Elektroband war gerissen, hier war etwas in die Weide eingebrochen.
Wildschweine?, dachte sie. Sind die noch in der Nähe?
Sie suchte nach Spuren, fand aber auf dem trockenen Boden nichts. An dieser Stelle endete ein Traktorpfad, der zwei Felder trennte. Sie ging rascher weiter, zwang sich, dabei auf den Zaun zu achten, und da kam Sven ihr schon entgegen.
«Auf meiner Seite alles in Ordnung», sagte er, «bei dir auch?»
«Nee, da waren Wildschweine oder was.»
«Mist!» Sven ging voraus. «Aber wie gut, dass wir kontrolliert haben.»
Sie erreichten die Stelle, und Sven vermutete: «Motorrad. Das waren die Jungs mit den Motorrädern. Hat einer mal wieder seine Maschine nicht im Griff gehabt.»
Er hatte den Schaden schnell beseitigt, die Stäbe waren nicht gebrochen, das Band konnte er knoten. Es war nur etwas schwierig, die Stäbe im trockenen Boden wieder sicher aufrecht zu stellen, einer blieb schief, auch weil das verkürzte Band ihn nach innen zog. Theres prüfte heimlich, in welche Richtung diese Schwachstelle einen Skuggi zum Durchbrechen des Zaunes verleiten könnte. Zum Maisfeld?

«Ich schließe den Strom später an», sagte Sven, «jetzt wird's Zeit, dass die Herrschaften rauskommen.»
«Aber Skuggi merkt doch immer sofort ...»
«Er hat hier Gras, er kann hier fressen. Da merkt Skuggi nichts als ‹Gras› und ‹fressen›.»
Auf dem Rückweg ging Sven noch schneller. Theres musste laufen. Das tat sie gern. Sie wollte das nun schnell hinter sich bringen. Inzwischen spürte sie in sich die Unruhe der Pferde. Sie mussten jetzt noch die Bänder vom Treibgang umstecken. Das war kein Problem. Damit war den Pferden der Zugang zur gestrigen Weide versperrt, und sie wurden nach rechts auf die neue geleitet – und nun raus mit ihnen. Dicht gedrängt am Elektroband vor dem Treibgang hatte sich die Herde versammelt. Da war keine Ruhe mehr unter den Islandpferden. Sie trippelten, zappelten, tänzelten, warfen die Köpfe hin und her, zogen ihre Nachbarn an der Mähne oder zwickten sie in den Hals. Nur Stjarni war hinten im Paddock geblieben und spielte mit Gustur.
Wie, dachte Theres, kann Sven jetzt die Bänder wegnehmen? Die stürmen los und rennen ihn um.
Sven legte das Flatterband und die Baumschere beiseite und nahm sich eine lange Gerte.
«So», sagte er und warf einen prüfenden Blick auf seine vier Helfer, «jetzt brauche ich einen, der keine Angst hat. Es ist nicht gut, wenn ich die Bänder langsam wegnehme. Ich möchte, dass die hungrige Bande sofort den ganzen Gang frei hat. Also werde ich sie mit einer Gerte in Schach halten. Wer von euch traut sich, die Bänder wegzunehmen?»
Er wartete nicht auf eine Antwort, sondern drehte sich um, fixierte die Herde und kroch zwischen den Elektrobändern

hindurch in den Paddock. Er hatte sich dort noch nicht aufgerichtet, da war Jana schon in den Treibgang geschlüpft. Theres hatte nicht einmal eine Chance gehabt zu überlegen, wie sie sich vor dieser Aufgabe drücken konnte.

«Zurück!», befahl Sven, breitete die Arme aus und trieb die ungeduldigen Ponys mit der Gerte kaum mehr als ein paar Zentimeter in den Paddock. Dann warf er einen Blick nach hinten und sah Jana. Er lächelte. Sie auch.

Die kennen sich!, durchfuhr es Theres.

Ja, die kannten sich. Und endlich erkannten sie sich. Sie gehörten zur selben Sorte. Sie waren die Furchtlosen, die genauso instinktiv, wie Theres zurückzuckte, einen Schritt nach vorn machten, wenn irgendwo etwas nach Gefahr aussah. Fremde für Theres, mit denen verband sie nichts in diesem Augenblick, nicht mit ihrer ältesten und besten Freundin und nicht mit Sven, mit dem sie gerade so vertraut durch den Nebel gegangen war.

Svala war zu weit nach vorn auf einen Platz geraten, der ihrem Rang nicht zukam. Harpa warf ihr das dreifarbene Hinterteil entgegen, quietschte und zwang die schwarze Stute zurück, bis sie wieder neben Bjalla stand. Die Bewegung ging durch die ganze Herde. Alsvidur und Blesi wurden nach vorn geschoben, auf Sven zu, der duckte sich nicht, er stand und sagte mit vollkommen ruhiger Stimme: «Ho! Ihr kommt ja jetzt raus, aber langsam!»

Dann schaute er wieder Jana an.

«Hallo», sagte er.

Es war eine Begrüßung. Er hieß sie willkommen im Stamm der Furchtlosen.

«Hallo», sagte auch Jana, und es war vollkommen offensicht-

lich: Zum ersten Mal fühlte sie sich rundum wohl auf dem Rappenhof.
Wie mit Bettina, erkannte Theres. Das ist es auch, was Jana und Bettina verbindet. Die ist genauso. Wenn die ein Pferd durch die Stallgasse führt und es macht hinter ihr einen Satz, dann springt sie nicht zur Seite, sie geht einfach weiter.
Um den einzigen weißen Körper in der Herde entstand ein kleiner freier Raum. Gletta hatte die Ohren angelegt, ihre Nachbarn bedroht, die wichen ihr aus. In den Freiraum schob sich Svala. Unter dem Schutz der alten starken Leitstute war sie sicher. Im Hintergrund spielten immer noch Stjarni und Gustur.
«Pass auf, Jana», sagte Sven «ich will, dass die erst losrennen, wenn die Bänder ganz weg sind, wenn der Weg ganz frei ist. Die sollen sich nicht durch die erste Lücke quetschen. Also, du machst das unterste Band los, hängst es …»
«Weiß ich schon», unterbrach Jana, «kenn ich schon.»
Sie löste die Bänder und hakte sie so zusammen, dass sie nur noch eines in der Hand hatte. Stjarni und Gustur stiegen, dann zwang Gustur den Rappen auf die Vorderknie, aber das war nur Spiel im Hintergrund, es berührte die Herde nicht.
Da war es Skuggi, der mit der Nase an Svens Gerte tickte. Kein Strom? Oder doch? Durchströmt von Sven: Starkstrom!
Und wenn sie jetzt losrennen?, dachte Theres. Und Jana umrennen?
Sie sah die Freundin unter 140 Hufen, verletzt, zertreten auf Erde und Stein …
«Sven!», schrie sie. «Was ist, wenn die losrennen!»
«Hör auf!», rief Sven, und es war eine Schärfe in seiner

Stimme, eine Abfuhr, Zurückweisung. Hier war Theres keine Hilfe, sie störte mit ihrer Angst.

«Das machen die nicht. Nie!»

Und wenn Jana etwas passiert, dachte Theres, verliere ich nicht nur meine Freundin. Wenn Isländer so was machen, nimmt meine Mutter mir Bjalla weg …

Nie! Und wenn er doch einmal kommt, der Tag ‹Nie›?

So wollte Theres ihre Freundin noch weniger verlieren. Dann lieber an den Ulmenhof und Bettina, aber nicht unter 140 Hufen von freundlichen, aber hungrigen Islandpferden.

Skuggi, von der Sven-durchströmten Gerte zurückgewiesen, wollte wieder nach vorn preschen, aber er stand still wie vor einer unsichtbaren Wand.

Jana ging rückwärts, den Blick auf die Pferde gerichtet, quer durch den Treibgang, ihr Gesicht war aufmerksam, gespannt, kein bisschen verspannt, sie atmete ruhig, wer die Luft anhielt, das war Theres. Wo der Weg jetzt frei war, drängten sich die Ponys. Sven berührte hin und wieder eines mit der Gerte, mehr war nicht nötig.

«So», sagte er, «jetzt könnt ihr auf eure Weide.»

Jana schlüpfte wieder an Theres' Seite, die atmete auf und hatte jetzt nicht mal mehr Angst um Sven. Er wusste, was er tat. Es gab ihn nicht, den Tag ‹Nie›.

Und er ließ die Gerte sinken. 33 Islandpferde schossen an ihm vorbei, gerade so wie die Vollblüter aus ihren Startboxen auf der Rennbahn. Sven blieb einfach stehen, keines der Pferde rempelte ihn an, sie berührten ihn nicht einmal.

Und Theres durfte ihnen wieder nachschauen, den springenden fließenden Körpern, schwarz, braun, rot und weiß, cremefarben und bronze, golden und zimt, eisengrau und gescheckt, umflattert von Mähnen und Schweifen. Sie waren wilder als sonst. Sie schnaubten, prusteten, wieherten. Sie warfen die Köpfe hoch. Theres sah ein dunkles Hinterbein nach oben schlagen und eine Nase, die ihm gerade noch auswich, und ziemlich weit vorn war ein schwarzes Riff. Barana rannte bellend neben der Herde, gelassen folgten die beiden Border Collies. Und dann kamen Stjarni und Gustur. Endlich hatten auch sie gemerkt, dass der Weg nun frei war, Gustur zuerst, er jagte im Galopp und versuchte, die anderen einzuholen. Stjarni aber flog, nein schoss aus dem Paddock, im rasenden Rennpass zischte sein schwarzer Körper pfeilgerade und flach durch den Treibgang –

Den habe ich geritten, dachte Theres, so, im Rennpass habe ich ihn geritten …

– vorbei an den Hunden, an Gustur, hinein in die Herde, und in der Mitte war ein schwarzes Riff.

Theres sah keine Köpfe und Körper mehr, nur große tobende Tupfer, ein roter sprang hoch, ein grauer rutschte weg – auf einem der nebelnassen Steine? –, aber da war er wieder, und sie strömten und flossen um ein schwarzes Riff. Dann waren sie fort, sie bogen nach rechts ab und verschwanden hinter dem Hügel. Und es war nicht mehr neblig genug und nicht mehr dunkel genug, um zu verbergen, dass jenes schwarze Riff zurückgeblieben war, und es war nah genug, Theres konnte sehen, dass es auf drei Beinen stand.

«Mein Gott», sagte Sven.

«Stjar-Stjarni?», stotterte Theres.

«Nein», sagte Sven, «das ist – »

Und er lief darauf zu.

Zum ersten Mal sah Theres ihn rennen.

7 PERLEN, ROT AUF SCHWARZEM GRUND

Niemals rennen im Umgang mit Pferden! Sven blieb stehen, atmete noch einmal tief durch, Theres und die anderen überholten ihn, hielten ebenfalls an, warteten, dass er wieder vorausging. Niemand von ihnen hatte Lust, auf das kleine schwarze Pferd zuzugehen, das gerade sein rechtes Vorderbein auf den Boden setzen wollte, es aber sofort wieder anhob. Sven streckte eine Hand aus.

«Ho, Svala», sagte er mit seiner ruhigen, tiefen Stimme, «bleib, bleib stehen!»

Was für ein Unsinn! Svala konnte nicht davonrennen. Das sah er doch! Dass Sven so einen Unsinn redete!

Er griff nicht sofort nach dem Bein. Mit sicherer Stimme

redete er weiter Unsinn und streichelte Svalas Hals. Die schnaubte leise. Er suchte in seiner Tasche, fand ein Stück Möhre. Das gab er ihr und sie fraß es, als sei es ein Vorgeschmack auf das frische, taunasse Gras der neuen Weide, die sie nicht erreichen würde. Svens große Hand tastete langsam ihr rechtes Vorderbein hinunter. Als der Schmerz durch den Pferdekörper zuckte, verzerrte sich sein Gesicht und er schloss die Augen.

«Gelenk», flüsterte er.

Dann richtete er sich auf.

«Es wäre gut, wenn wir ein Halfter hätten», sagte er.

«Ist d-d-as ge-gebrochen?», stammelte Felix.

«Hoffentlich nicht. Der Schmerz auf jeden Fall sitzt im Carpalgelenk. Es wäre nicht gut, wenn da ein Bruch wäre.»

«Was wäre dann?», wollte Jana wissen.

«Es wäre nicht gut.»

«Wie ist das passiert?», fragte Natalie.

«Sie hat einen Schlag abgekriegt. Die haben nicht mit Absicht nach ihr geschlagen. Das tun sie nicht. Unfall. Pech. Dumm gelaufen. Die waren so überdreht. Da haben sie nicht mehr aufgepasst.»

Der Tag ‹Nie›, da war er jetzt, der Tag ‹Nie›.

Sven streichelte Svala, suchte in seinen Taschen, aber er fand keine Möhren mehr.

«Nicht Christina wecken», sagte er. «Erst mal abwarten, was der Tierarzt meint. Vielleicht ist es nicht so schlimm.»

Er zog sein Handy aus der Tasche.

«Ich rufe unseren alten Tierarzt an. Und vielleicht noch deinen, Felix, der ist näher. Hast du die Nummer?»

«Hab ich im Kopf.»

«Gut. Wer holt das Halfter?»
Das war eine Aufgabe für Theres. Weggehen von dem Schmerz in den dunklen Pferdeaugen, möglichst weit davon weggehen.
«Ich hol's», sagte sie und lief, Barana folgte.
«Sorg dafür, dass niemand Christina weckt!», rief Sven ihr nach.
Wie sah Svalas Halfter aus? Sie hatte nie darauf geachtet. Während sie durch den Treibgang zurück zum Stall rannte und auf einem der glatten Steine rutschte, dachte sie: Hoffentlich hat Svala ein Lederhalfter, ein rundgenähtes wie Bjalla.
Das nämlich waren die teuersten. Sie wusste nichts von Christinas Eltern und ihrem Leben außerhalb des Rappenhofs. Sie wusste nur: diese Tierarztrechnung würde hoch sein.
Sicher hatte Svala ein rundgenähtes Halfter in ihrer Fellfarbe, darum war es ihr bisher so gar nicht aufgefallen, schwarz halt, einfach schwarz, es ist nicht schwer für ein schwarzes Pferd ein Halfter genau in der Fellfarbe zu finden. Aber etwas Rotes, ja, etwas Rotes hatte sie einmal blitzen sehen, auf der rechten Seite, das sah schön aus, Christina hatte das Halfter sorgfältig auswählen dürfen, und niemand hatte nach dem Preis geschaut, weil sie das nicht nötig hatten –
Theres rannte in den Paddock, wollte nach rechts zum Tor hinaus und zur Sattelkammer, da musste sie erst einmal stehen bleiben und Luft holen. Sie hatte heftiges Seitenstechen. Keuchend ging sie weiter über den Putzplatz in den Sattelschuppen, und als sie nach dem Halfter unter dem Sattel greifen wollte, merkte sie, dass sie vor Bjallas Sattelzeug

stand. Auf dem Boden lag ihre Reitweste. Die hob sie auf, langsam, und legte sie über den Sattel. Sie wollte da nicht weg. Auf diesem Sattel, mit dieser Trense wollte sie heute zum See reiten und glücklich sein mit ihrem Pferd und ein bisschen traurig auch, weil es Herbst war und ... Sie musste sich losreißen, konnte nicht gehen, bevor sie noch einmal über das glatte Sattelblatt und den samtenen Wildlederbesatz gestrichen hatte.

Ist nicht mein Pferd, dachte sie. Svala ist schließlich nicht mein Pferd. Nicht einmal das Pferd meiner Freundin.

Svalas Sattel hing auf der anderen Seite. Theres näherte sich zögernd. Dass er schwarz war, wusste sie. Er war auch gut gepflegt, das sah sie sofort. Ihre Hand strich über den hinteren Sattelrand. Der war rau, ein wenig abgeschabt.

Das heißt gar nichts, dachte sie. Christina ist mehr als andere davon abhängig, dass der Sattel nicht nur ihrem Pferd, sondern auch ihr passt. Da trennt man sich nicht von einem Sattel, wenn er alt wird.

Sie bückte sich, um nach dem Halfter zu greifen –

«Was machst du da mit Christinas Sachen!», schrie eine Stimme in ihrem Rücken. Sie fuhr herum, drückte sich an den Sattel, hielt die Luft an, wusste, dass sie aussah, als habe man sie bei etwas Verbotenem ertappt. Barana knurrte. Laura stand in der Tür, Ricos Putzkasten in der Hand.

«Also das ist doch jetzt wirklich ...!», schimpfte sie. «Nicht nur, dass du Christina behandelst wie-wie-wie- ... ach, keine Ahnung, was du dir dabei denkst. Sie hat dir doch nichts getan! Und du giftest sie an!»

«Laura, ich-ich-», stammelte Theres in Lauras Atempause, aber die hatte schon wieder genügend Luft.

«Und was machst du da jetzt? Willst du ihr die Bügel verstellen? Das Zaumzeug verstecken?»

«Laura, ich soll ...»

«Du hast das gerade nötig, gerade du!»

Theres musste schreien.

«Laura, es ist was passiert!»

Und in Lauras Schweigen hinein flüsterte sie: «Mit Svala ...»

Da stand Laura mit offenem Mund.

«Sie ist verletzt», sagte Theres schnell. «Sie hat einen Schlag abgekriegt, beim Raustreiben, ans Vorderbein, Sven meint, ans Gelenk ...»

Ricos Putzkasten polterte auf den Boden.

«Nicht Svala», murmelte Laura, «jedes andere Pferd, aber nicht Svala ...»

«Sven ruft den Tierarzt», berichtete Theres, «ich soll das Halfter holen.»

«Nicht Svala», flüsterte Laura.

«Bitte, Laura, lass Christina schlafen. Bitte sorg dafür, dass sie erst mal nichts mitkriegt. Vielleicht ist es nicht so schlimm.»

Laura schob den Putzkasten mit dem Fuß in die Richtung der andalusischen Sättel.

«Tschuldigung», murmelte sie. «Ich möchte wissen – kann ich eben mit rauskommen? Die anderen schlafen alle noch.»

«Bitte, bleib bei Christina und halt sie da weg», bat Theres. «Wir wissen doch auch nichts, bevor der Tierarzt kommt.»

Laura nickte und verließ mit hängenden Schultern die Sattelkammer.

Theres konnte nach dem Halfter greifen. Bevor sie es sah,

fühlte sie: kein Leder. Ein einfaches Gurtbandhalfter. Plus/minus 15 Euro beim Pferdeversandhaus. Keine Messingbeschläge. Rostanfälliges Primitivmetall, und nur darum nicht verrostet, weil es so gut gepflegt war. Theres rieb den Verschlusshaken zwischen den Fingern, zog ihn auf und ließ ihn zuschnappen. Nichts klemmte, das schnalzte nur so, und ihre Finger fühlten sich leicht ölig an. Sie roch daran. Olivenöl. Der Führstrick war schwarz, geschmeidig, da alt, und mit einem ganz normalen Panikhaken.

Etwas Ungewöhnliches fühlte sie am rechten Backenstück. Da fand sie das Rote. Perlen, rot auf schwarzem Grund. Solche Perlen hatten niemals eine Austernschale von innen gesehen. Und mit Rubinen hatten sie nichts als die Farbe gemeinsam. Glas, Massenware, Billigware, alle roten von gleicher Größe aus einem Perlensortiment für kleine Mädchen. Sie waren auf einen schwarzen festen Untergrund gestickt, den dann wahrscheinlich ein Sattler oder Schuster auf das Halfter genietet hatte. Sie formten nicht einfach ein Muster. Das waren Zeichen, so etwas wie Buchstaben, ja, es waren dieselben seltsamen Zeichen, die sie hinten auf der Rücklehne von Christinas Rollstuhl gesehen hatte. Alte isländische Runen? Alberta hätte es gewusst. Theres vermutete, dass diese Schrift Svala bedeutete. Sie sah Christina an einem Wintertag bei sich zu Hause sitzen, die gefühllosen Beine in eine bunte Decke geschlungen, und die langen beweglichen Finger stickten isländisch ‹Svala› auf den festen Stoff. Theres' Fingerkuppen tasteten über das gepresste Glas, in jeder einzelnen Perle spürte sie, mit wie viel Liebe sie rot auf schwarzen Grund genäht war. Und sie fühlte auch jeden Nadelstich. Dies war das am liebevollsten gestaltete Halfter,

das sie jemals in der Hand gehalten hatte – und eines der billigsten war es auch.
Sie dachte an Maren vom Ulmenhof. Wie die sich immer aufgeregt hatte, wenn ihr Pferd ein bisschen Hustenpulver brauchte oder wenn es eine kleine Verletzung hatte. Tierarzt war für Maren eine Katastrophe. Ihr Schimmel, sagte sie dann, grase jeden Monat ihr Bankkonto ab bis auf die Wurzeln ihrer Kreditfähigkeit.
Theres lief aus der Sattelkammer, über der Schulter das Gurthalfter aus dem Billigkatalog, vielleicht ein Sonderangebot, und sie wusste: Diese Tierarztrechnung würden Christinas Eltern so ohne Weiteres nicht bezahlen können.
Vor dem Paddock traf sie auf Jana und Felix. Jana öffnete gerade das Tor, Felix fuhr eine Schubkarre voll Heu herein.
«Svala soll da stehen bleiben, bis Claus-Peter kommt», erklärte er. «Wir bringen ihr Heu. Sie muss ja was essen.»
«Also dein Tierarzt wird Svala behandeln?», fragte Theres, und sie dachte: Vielleicht kann man da was drehen, vielleicht können wir heimlich einen Teil der Rechnung bezahlen. Wie doof, dass die Leute so was nie annehmen wollen, die sind so blöd.
«Claus-Peter macht jetzt erst mal das Röntgenbild», berichtete Felix. «Svens alter Tierarzt ist auf einem Gestüt, Notfall, ziemlich weit weg.»
Sie schoben die Schubkarre durch den Treibgang.
«Ich glaube nicht, dass Svala fressen wird», überlegte Theres. «Also – ich könnte nichts essen in der Situation. Die muss doch Schmerzen haben. Und Angst.»
«Schmerzen ja», sagte Jana, «aber warum Angst? Sie hat volles Vertrauen zu Sven. Keine Panik, weil ihr die Herde davon-

gelaufen ist. Und dass man ein Pferd mit einem Bruch im Gelenk nur einschläfern kann, weiß sie ja nicht.»

Als sie sich der schwarzen Stute näherten, wandte sie ihnen den Kopf zu und wieherte. Sie schoben ihr die Schubkarre vor die Nase.

«Einfach stehen lassen, nicht auskippen», sagte Sven. «So kann sie leichter fressen, wenn sie nur auf einem Vorderbein steht.»

Er blieb dicht neben Svalas rechter Schulter, und Theres sah, dass die Stute sich gegen ihn lehnte und Sven einen Teil ihres Gewichts trug. Sie streckte auch sofort die Nase ins Heu und fraß. Ihr Gesicht sah viel entspannter aus. Sie wirkte fast zufrieden.

«Ich hab Laura getroffen», berichtete Theres. «Sie versucht, Christina hier wegzuhalten.»

«Gut.» Sven legte Svala das Halfter an. «Warten», sagte er, «jetzt können wir nur warten, bis Dr. Wegener da ist.»

Vom Hof kam Natalie mit einem Eimer Wasser.

Svens Handy flötete eine seltsame, vielleicht alte isländische Melodie. Sie hörten ihn sagen: «Ja – sie frisst – kein Problem, können Sie machen – ich schick Ihnen den Felix.»

Dann gab er seine Anweisungen.

«Dr. Wegener möchte mit dem Tierarztwagen bis hierher fahren. Den Hof findet er, aber dann muss ihn jemand weiter lotsen. Felix, du wartest auf ihn am Parkplatz. Theres, du gehst mit, du weißt, welche Bänder wir aushängen, wenn der Traktor die Strohballen reinfährt, dann kann der Tierarzt über den Treibgang herfahren. Lauft, er ist unterwegs.»

Theres und Felix rannten zum Hof, Barana sprang neben ihnen her. Die Sonne war nun vollständig aufgegangen

und begann, die Steine zu trocknen. Es hätte so schön sein können.
Dann lief Felix weiter zum Parkplatz und Theres löste die Bänder. Im Stall traf sie Alberta mit der Mistkarre.
«Was ist eigentlich los?», fragte die. «Warum lasst ihr mich hier allein arbeiten?»
Theres blieb gar nicht stehen.
«Unfall!», rief sie. «Da!»
Sie hörte, wie der Mistboy auf den Boden klapperte, dann Albertas schnelle Schritte, und sie drückte sich durch die große Stalltür, sie wusste nicht, ob Felix sich gut genug auskannte, um den Tierarzt bis zum Treibgang zu lotsen. Als sie auf den Hofplatz trat, sah sie vor der Scheune gegenüber Christina im Rollstuhl. Sie erschrak so tief, dass sie beinahe Baranas Hinterbein eingeklemmt hätte, als sie das Tor schloss. Zögernd ging sie weiter. Aus dem Wohnhaus links schaute Isa.
«Theres?», rief sie. «Ist was?»
Theres schüttelte heftig den Kopf. Laura schob den Rollstuhl genau auf sie zu. Sie fuhr Christina zu den Duschen und Toiletten unten im Wohnhaus. Schon hörte Theres Christinas fröhliche Stimme.
«Super Wetter! Das wird ein Spitzenausritt. Svala töltet genial mit den neuen Eisen. Leihst du mir deine lange Gerte? Auf meine ist Sokki gestern getrampelt, die hat einen Knick und ich brauche – hi, Theres, komm, guck nicht so, Frieden, okay? Wir freuen uns!»
Christina trug einen dicken rot-bunten Flanellschlafanzug und rote Wollsocken. Sie griff in die Handräder ihres Rollstuhls, entzog ihn Laura, drehte eine kleine Pirouette, und

als sie wieder hielt, bemerkte sie den verkrampften Blickwechsel zwischen Laura und Theres.

«He, was habt ihr?»

Laura schnappte sich rasch wieder den Rollstuhl. Bevor sie dahinter trat, sah Theres die roten Zeichen auf der Rücklehne. Ja, es waren dieselben wie auf Svalas Halfter. Sie schloss schnell die Augen. Aber nicht die Ohren. Und darum musste sie hören:

«He, Laura, was ist? Hat die dich jetzt auch angegiftet? Wir haben der nichts getan!»

Und mit geschlossenen Augen rannte Theres gegen Diana. Die starrte sie mit ihren großen Kinderaugen an.

«Warum machst du das?», fragte sie. «Warum verdirbst du uns alles?»

Theres packte Diana an der Schulter und schob sie in die Scheune. Da saß Carolin auf einem Strohballen, zog eine Decke um sich und gähnte. Julia schlief noch.

«Caro», sagte Theres schnell, «ich muss zum Parkplatz, sofort. Wir warten auf den Tierarzt. Es ist was passiert. Mit Svala. Ihr müsst Christina hier festhalten, verstehst du! Haltet sie hier fest, bis Sven sie holt!»

Und sie stürmte wieder hinaus, öffnete das Tor nur einen Spalt, Barana quetschte sich hektisch durch ihre Beine, in ihrem Rücken rief Carolin leise: «Theres! Sag uns bitte …»

Aber da war sie schon fort. Kurz vor dem Parkplatz kam ihr der Tierarztwagen entgegen und hielt. Felix hatte das Fenster heruntergelassen.

«Wie kommen wir jetzt -», fragte er.

«Steig ein!», rief Dr. Wegener. «Felix, rück. Die passt da noch hin.»

Und da saßen sie. Zu dritt. Vorn. Denn Rücksitze gab es nicht. Im ganzen hinteren Teil war die Ausrüstung des Tierarztes.
Egal, wie viele Leute vorn in einem Auto sitzen, der Fahrer braucht seinen Platz. Den kann man nicht vom Lenkrad wegdrängen. Und so sehr Theres sich auch an die Tür drückte, sie konnte nicht verhindern, dass Felix' Schulter sie berührte und sein Arm und seine Hüfte und sein Bein. Das Fenster war immer noch offen, also bekam sie trotz all dem Luft. Die kühlte auch ein wenig ihren heißen Kopf. Barana rannte bellend neben dem Auto her.
Zum See fahren, dachte sie. Wenn irgendetwas noch besser ist als Bjalla zum See reiten, dann so zum See fahren – oder? Raus hier, ich halt das nicht aus.
«Nun sag mir doch den Weg!», verlangte der Tierarzt.
«Rechts», hauchte Theres, «um den Stall herum.»
«Wie?»
«Rechts», wiederholte Felix laut, «um den Stall herum.»
Aber zuerst musste Dr. Wegener einen Bogen fahren, um Carolin, die ihm fast ins Auto lief. Und an Laura und Christina vorbei, die aus den Toiletten kamen. Und unter Isa hindurch, die sich weit aus dem Fenster lehnte. Theres zog den Kopf ein, weg vom Fenster, zurück ins Auto.
«Was macht ein Mädchen im Rollstuhl auf einem Reiterhof?», fragte Wegener.
«Reiten», flüsterte Felix, «das ist Christina.»
«Die!?! Und es ist ihr Pferd, das –?»
«Ja», flüsterte Felix so leise und tonlos, dass der Tierarzt es gar nicht hören konnte. Er sagte es auch gar nicht in seine Richtung, sondern ziemlich genau in Theres' Ohr. Und

sofort fielen ihr Fragen ein, herrliche, uralte Fragen, die sie noch niemals gestellt hatte und zu denen dieses «Ja» so leise, so dicht in ihr Ohr geflüstert, viel besser gepasst hätte. Und aus Felix' Mund. Von seinen Lippen. Die fast oder ganz oder gar nicht ihr Ohrläppchen berührten oder zumindest das silberne Glöckchen daran.

Dr. Wegener hatte offenbar keine Antwort erwartet. Er trat aufs Gas. Da waren sie um den Stall herum, fuhren durch den Paddock in den Treibgang, es rumpelte etwas, kein Problem für den Allradwagen, aber ein schlimmes Problem für Theres, die gegen Felix geworfen wurde.

Ich tu ihm weh!, schrie es in ihr. Er muss sich doch wehtun an meinen blöden spitzen Knochen. Er holt sich lauter blaue Flecken, weil ich keine Polster habe.

Sie versuchte, sich noch dünner zu machen, auch durch das offene Fenster bekam sie kaum noch Luft. Langsam näherten sie sich der wartenden Gruppe mit dem kleinen schwarzen Pferd, das sich nicht stören ließ und weiter Heu fraß. Alberta war schon dort, von links über die Wiese kamen Carolin, Diana und Isa gerannt. Als Theres aus dem Auto purzelte, fiel Barana über sie her. Das war gut. Sie konnte sich auf den Boden hocken, ihre Hündin streicheln und ihr heißes rotes Gesicht in das glatte Fell drücken.

Svala, versuchte sie zu denken, es geht hier nur um Svala, ich muss jetzt nur an Svala denken und nicht an …

Felix half dem Tierarzt, wie er es gelernt hatte. Er räumte Teile der Ausrüstung im Heck des Wagens um, damit Wegener gleich mit einem Griff an das transportable Röntgengerät kam, aber er starrte dabei auf das Gesicht des Tierarztes, auf dessen Hände an dem schwarzen Pferdebein, und so stieß er ein Paket Mullbinden aus dem Wagen, das Theres fast vor die Füße fiel. Barana schnappte danach, Theres musste sie halten, und darum verpasste sie die Reaktion des Pferdes auf die tastende Tierarzthand. Sie sah nur das Entsetzen in den Gesichtern von Isa, Alberta, Jana, Natalie, Carolin, Laura – Laura? Wie kam Lauras vom schnellen Lauf rotes Gesicht dazwischen? Wer war bei Christina?

Felix hievte das Röntgengerät aus dem Wagen. Die Stimme des Tierarztes war ruhig, sachlich, ohne Aufregung.

«Betroffen ist das Gelenk auf alle Fälle. Aber diese Schmerzreaktion bedeutet noch lange nicht, dass da ein Bruch ist. Auch eine Prellung ist äußerst schmerzhaft, und so was wäre therapierbar. Das Bein wird anschwellen. Ich gebe ihr etwas gegen die Schwellung, aber das hat kaum eine Wirkung auf das Schmerzempfinden.»

Er ging zu seinem Wagen, zog eine Spritze auf.

«Ich hoffe, sie bleibt stehen», murmelte er.

«Die steht», versicherte Sven, und er hatte recht. Svala zuckte nur ein wenig, kaum unterbrach sie ihr Heufrühstück.

Wegener nahm Felix das Röntgengerät ab.

«Können Sie die Schubkarre etwas weiter nach links schieben? Dann komme ich besser an das Bein. Grandioses Pferd. Gibt nicht viele, die in dieser Situation keine Panik kriegen. Ich glaube, ich werde Fachtierarzt für Islandpferde. Macht das Leben sehr viel leichter. Felix!»

«Die sind auch nicht alle so», sagte Sven. «Svala ist ein echtes Ausnahmepferd. In vieler Hinsicht.»

«Christina!»

Der unterdrückte Schrei von Carolin lenkte alle Blicke zum Paddock.

«Mein Gott», flüsterte Isa, und dann schrie sie fast, schrie Laura und Carolin an: «Ihr habt sie allein gelassen! Seid ihr wahnsinnig? Ihr habt sie total allein gelassen!»

«Ju-Julia …», stammelte Laura.

«Julia!», zischte Isa. «Julia verpennt jedes Gewitter und jedes Feuerwerk.»

Im Paddock kämpfte Christina mit ihrem Rollstuhl. Der Weg war offen, die Zaunbänder hatten sie ja entfernt, aber die kleinen Vorderräder des Rollstuhls bohrten sich tief in die weichen Holz- und Sägespäne. Da drehte Christina den Rollstuhl und fuhr rückwärts. Theres sah die roten Zeichen auf schwarzem Grund, und ihre Hände pressten eines von Baranas Ohren so heftig zusammen, dass die Hündin jaulte und sie mit ihren hellen Augen verwundert ansah. Theres fühlte eine tiefe Erschöpfung, als wäre sie es selber, die da so verbissen gegen den weichen Boden im Paddock kämpfte. Christina erreichte den Treibgang, drehte den Rollstuhl, nun konnte sie wieder vorwärts fahren, aber es gab Rillen und Steine und leicht aufwärts ging es auch. Wie geschickt, mit wie viel Kraft lenkte sie ihr Svala-Gefährt um die Unebenheiten! Sie näherte sich langsam. Niemand ging ihr entgegen. Alle standen wie versteinert, nur der Tierarzt erledigte seine Aufgabe und machte die Röntgenaufnahme von Svalas Bein. Da hörte die Stute auf, am Heu zu knabbern. Sie schaute den Treibgang hinunter und dann wieherte sie. Barana fiepte, blaffte ihr kurzes nervöses Bellen, das rotbraune Fell zitterte in Theres' Händen. Die hob den Kopf, schaute sich um, suchte in den Gesichtern der anderen eine Lösung, doch das Einzige, was sich verändert hatte, war, dass Diana weinte.

Christina kam nicht mehr näher. Sie war mit einem Vorderrad in einer Kuhle hängen geblieben. Jetzt musste jemand gehen und ihr helfen. Endlich! Sofort! Es war Barana, die die Erstarrung nicht mehr aushielt. Ihre lange Schnauze schnappte hektisch nach den Mullbinden, die Felix aus dem Auto geworfen hatte. Sie rannte davon, den Treibgang hinunter, und Theres jagte hinterher.
Christina stand auf. Sie setzte ihre roten Wollsocken auf den Boden und stellte sich auf die Beine in der bunten Schlafanzughose. Sie ging auf ihr Pferd zu.
Wie viele Schritte konnte Christina gehen? Theres wusste es nicht. Sie hockte am Rand des Treibgangs, umklammerte ihre Hündin und versuchte, ihr das weiche Päckchen aus dem Maul zu lösen, vorsichtig, damit die Verpackung nicht aufplatzte, als gäbe es nichts Wichtigeres, als ein paar Mullbinden zu retten. Wenige Meter von ihr entfernt setzte Christina schwankend einen Fuß vor den anderen. Sie war bunt, von den ungekämmten rötlichen Haaren bis zu den immer schmutziger werdenden roten Socken. Aber unter dem knallig bunten Muster war ihr Körper aufgeteilt in ihre geschickten Hände, die rot auf schwarzen Grund Perlen auf ein Halfter sticken konnten, und leblose Füße, die niemals ihr Pferd erreichen würden.
Oder?
Sie ging weiter! Wieso ging die weiter?
Theres hatte Barana die zerfetzten Mullbinden aus den Zähnen herausgewunden.
Wieso geht die weiter?, dachte sie.
So weit hatte sie Christina noch nicht laufen sehen.
Die hat uns betrogen, dachte sie. Die ist gar nicht gelähmt.

Nicht so sehr. Das macht die nur, damit alle immer um sie herum sind, damit sie alles kriegt, ein Pferd wie Svala, ja, und Felix, ja ...
Christina schwankte. Ihre bunten Arme griffen sinnlos in die Luft.
Isa schrie: «Theres!»
Theres war die Einzige, die nah genug war, um Christina aufzufangen, wenn sie stürzte.
«Theres!»
Die hielt ihren Hund im Arm und wollte nicht. Christina taumelte noch zwei Schritte weiter, nicht mehr auf Svala zu, irgendwohin torkelte sie und dabei weg von Theres.
Selber schuld, dachte die.
Und dann war sie plötzlich da, war über ihren Hund gesprungen und hingelaufen, und Christina fiel ihr in die Arme wie ein Sack voller Bleikugeln, rutschte nach unten und zog Theres mit hinab. Sie schauten sich nicht an, sie wollten das beide nicht. Theres versuchte, Christina hochzustemmen, aber eine Handvoll Federn hat keine große Chance gegen einen Sack voller Bleikugeln. Theres fühlte den weichen Flanell des Schafanzugs und versuchte sich vorzustellen, sie habe hier nichts als bunte Baumwolle im Arm, sie wollte das Blei darin nicht und Christinas Rücken schon gar nicht. Da trafen sich ihre Blicke. Es war ein Versehen. Sie glitten sofort wieder auseinander, nur kurz nahm Theres Ablehnung, Feindschaft, Verachtung wahr, dann gelang es ihr, sie wusste nicht wie, Christina aufzurichten.
«Danke», sagte die fast ohne Ton.
Sie versuchte, sich gerade zu halten. Theres spürte, wie das Bleigewicht von ihr wich.

«Kannst du gehen?», fragte sie.
Und da war Laura. Christina atmete einmal kurz durch und stützte sich ganz auf Laura. Auf Theres' Seite blieb nur Feder an Feder. So gingen sie zu Svala, die Christina entgegenschnaubte. Die beiden legten die Köpfe aneinander. Christinas Hand verließ Theres, streichelte den schwarzen Schopf und die kleinen spitzen Ohren. Dann glitt ihr Blick über die Beine des Pferdes, und als sie das angewinkelte Vorderbein sah, schloss sie die Augen. Nur kurz. Sie schaute den Tierarzt an.
«Ihre Diagnose?», fragte sie. «Nach Tastbefund?»
«Nach Tastbefund kann ich keine Diagnose stellen», antwortete Dr. Wegener. «Ich muss das Röntgenbild sehen.»
«Aber Sie wissen, ob das Gelenk betroffen ist?»
«Du stellst sehr gezielte Fragen.»
«Ich bin oft in Kliniken und unter Leuten, die – sagen wir mal – so verschiedene Probleme mit den Beinen haben. Also? Das Gelenk?»
«Carpalgelenk, ja.»
Christina nickte.
«Dann warten wir auf das Röntgenbild.»
«Du solltest zurückgehen, Christina», meinte Isa. «Los, holt den Rollstuhl. Helfen kannst du hier nichts. Und du hast nicht einmal Schuhe an.»
«Sie kann sich ins Auto setzen», schlug Claus-Peter Wegener vor. «Ich mache dem Pferd einen leichten Stützverband. Eingipsen kann ich das erst, wenn ich weiß, wie es von innen aussieht. Christina kann mit mir zum Stall zurückfahren. Frage ist nur, wie kriegen wir das Pony dahin.»
Während er das Röntgengerät wieder ins Auto stellte, blieb

Christina, an Laura gelehnt, neben ihrer Svala stehen, und Theres dachte: Er wird alleine mit ihr zurückfahren. Er kennt jetzt den Weg. Er braucht Felix nicht. Und sie kennt den Weg ja auch. Nein, Felix fährt da nicht mit!

9 GIFT

Während Dr. Wegener der Stute einen Stützverband anlegte, musterte Svens kritischer Blick den Wagen. Wegener merkte es und lächelte kurz.

«Tut mir leid», sagte er, «ich habe bis jetzt keine Möglichkeit, das Röntgenbild gleich hier zu zeigen. Ich nehme mal an, Dr. Detlevs kann es?»

Sven nickte: «Ja, und je nachdem, was das Röntgenbild zeigt, würden wir ihn auch gern zurate ziehen. Er war nun mal unser Tierarzt drüben. Wäre das für Sie ein Problem?»

«Im Gegenteil», Wegener schloss den Verband, «ich würde ihn gern kennenlernen. So – wie kriegen wir jetzt das Pony in den Stall? Es kann nicht hierbleiben, bis ich das Rönt-

genbild habe, oder? Aber vielleicht fahre ich zuerst Christina zurück.»
Die schüttelte den Kopf.
«Ich bleibe bei Svala. Mir ist überhaupt nicht kalt, und wenn mir jemand meinen Rollstuhl holt, stehe ich auch nicht mehr auf Socken.»
Caro rannte den Treibgang hinunter und holte den Rollstuhl.
«Hat Svala ein Schmerzmittel bekommen?», fragte Christina.
Der Tierarzt schüttelte den Kopf.
«Nein, im Moment ist der Schmerz unser Freund. Er sorgt dafür, dass sie das Bein nicht belastet. Aber wie kann sie laufen? Auf einen Transporter gehen, kann sie erst recht nicht.»
«Pferde können auf drei Beinen gehen», sagte Sven.
«Weiß ich», erwiderte Dr. Wegener, «aber wird sie es tun? Wenn sie einen Panikanfall kriegt, kann sie die Verletzung erheblich verschlimmern.»
Alle schwiegen, bis Wegener schließlich ohne viel Überzeugung sagte: «Zürich?»
Sven zuckte die Achseln.
«Was für ein Aufwand für die paar Meter.»
«In der Zürcher Klinik haben sie einen Spezialtransporter», erklärte Wegener, «da hängt das Pferd in einer Art Bauchschaukel, und so wird es auch in den Wagen gehoben.»
Christina kniff die Lippen zusammen. Theres schaute auf Svalas Halfter, das ebenso schön wie billig war.
Geht schon los, dachte sie.
«Es hat keinen Sinn, die Zürcher zu holen», meinte Sven,

«das dauert mindestens zwei Stunden, bis die hier sind, und in einer halben Stunde müssen wir die Herde reintreiben. Die sind auf einer neuen Weide. Wir können sie da nicht noch zwei Stunden grasen lassen.»

In Christinas Gesicht war eine kleine Erleichterung. Diese Entscheidung wurde ihr abgenommen.

«Das ist Svala», sagte sie, «die kriegt keine Panik. Die geht völlig cool auf drei Beinen bis zum Stall.»

«Meine ich auch», stimmte Sven zu, «sie ist zwar kein Fünfgänger, aber auch ein Viergänger ist sehr kreativ beim Erfinden neuer Gangarten. Svala erfindet eine Gangart für drei Beine.»

In Christinas Augen blitzte etwas von ihrer Unternehmungslust.

«Ja! Wir machen das wie immer. Ich führe sie am Halfter und Laura schiebt meinen Rollstuhl. Wenn dann noch jemand die Schubkarre vor ihr herzieht, wird sie laufen. Ohne das rechte Vorderbein. Ich bin sicher.»

Da klingelte das Tierarzthandy. Sie hörten Wegener sagen: «Ja – natürlich – komme sofort – halbe Stunde – ich versuch's.»

«Eine Geburt», erklärte er.

«Jetzt werden doch keine Fohlen geboren», wunderte sich Jana.

«Aber Kälber. Und Kühe tun sich da manchmal sehr schwer. Ich muss los. Aber ich will sehen, ob das mit dem Pony so klappt.»

Es klappte. Carolin ging mit der Schubkarre rückwärts. Svala streckte erst den Hals und schnappte sich noch ein paar Halme Heu, da zupfte Christina leicht am Halfter, und Svala

machte einen kleinen Schritt mit dem rechten Hinterbein, setzte dann das linke weit unter den Körper, hob sich leicht auf der Hinterhand und hüpfte auf das linke Vorderbein. So ging sie weiter.
«Fantastisch», murmelte Wegener.
«Ein bisschen Theorie, Leute», verkündete Sven. «Die Fußfolge dieser neuen Gangart ist: hinten rechts, hinten links, vorne links – und wieder hinten rechts – wir nennen diese neue Gangart – wer hat eine Idee?»
Während sie alle neben Svala liefen, kam fast so etwas wie gute Stimmung auf, es war eine Art Triumph, und Isa erklärte: «Hiermit erheben wir Svala ab heute in den Stand der Fünfgänger.»
«Dann fahr ich jetzt los», sagte Wegener. «Dauert etwas mit dem Röntgenbild, ich muss erst der Kuh helfen. Verhindern Sie, dass die Stute sich hinlegt. Sie käme nicht wieder hoch. Können Sie ihr nicht eine Bauchschaukel bauen? Wie an dem Zürcher Transporter? Sie wissen, wie das aussieht?»
«Das machen wir», sagte Sven.
Sie hatten den Paddock erreicht. Laura drehte Christinas Rollstuhl und fuhr rückwärts. Wegener lief zurück zu seinem Wagen. Svala zögerte vor der zehn Zentimeter hohen Schwelle vom Paddock zum Stall. Sie schob die Hinterbeine noch tiefer unter den Körper, hob sich jetzt fast wie Señor Pedro zur Levade und war im Stall. Hinter ihr hielt der Tierarztwagen im Paddock.
«Grandioses Pferd!», rief Wegener aus dem Auto. «Und – Christina – großes Kompliment, nur ein gut gerittenes Pferd kann so mit seiner Hinterhand umgehen. Wir werden alles tun, um sie dir zu erhalten!»

Und als sie Svala durch die Stallgasse zur Krankenbox führten, sagte Jana: «Drölt!»
«Was?», fragte Isa.
«Diese neue Gangart heißt Drölt, das ist dreibeiniger Tölt.»
«Super!», sagte Isa. «Das klingt richtig isländisch. Tut es doch Sven, oder?»
«Perfekt! Jana, du hast doch ein Feeling für Island. Unser neuer Fünfgänger geht Schritt, Trab, Galopp, Tölt und Drölt!»
Wirklich?, dachte Theres. Wird sie das alles wirklich noch einmal laufen können? Oder ist sie jetzt ein Eingänger und geht nur noch Drölt, und auch das nicht mehr lange?
Sie schlossen die Krankenbox. Svala würde sich da nicht allein fühlen. Nur ein paar Stangen trennten sie von der Herde. Und die mussten sie jetzt von der Weide hereintreiben. Sven teilte ein.
«Wir sollten hierbleiben. Laura, ihr schafft das allein, dir gehorchen die Hunde. Du gehst mit Caro und Diana. Und scheucht endlich Julia auf. Und vergesst nicht, den Zaun vom Paddock vorher zu schließen. Wo der Tierarzt durchgefahren ist.»
«Hab ich alles schon öfter gemacht», stimmte Laura zu und verschwand mit ihrer Truppe Richtung Schlaflager, wo Julia wahrscheinlich noch immer von einem schönen Ausritt träumte.
Svens Augen prüften die Balken über der Krankenbox.
«Das müsste gehen», überlegte er. «Ich werde vier Haken eindübeln. In zwei Balken. Ist ziemlich hoch. Was sagt Svala zu der langen Leiter?»
«Sie liebt Leitern», behauptete Christina. «Mein Vater hat

neulich die Fenster oben im Stall geputzt, sie hat zugeschaut, und ich glaube, sie wollte auf die Leiter steigen.»
«Das sollte sie jetzt nicht. Willst du nicht deine Eltern anrufen?»
«Meine Mutter arbeitet. Mein Vater, ja, der ist zu Hause, ach, lass uns warten, bis wir das Röntgenbild haben.»
Ihr Vater ist zu Hause?, dachte Theres. Und der putzt Fenster? Himmel, ihr Vater ist arbeitslos.
«Okay», sagte Sven, «wir fragen den Bauern, ob er solche Haken hat. Aber Seile brauchen wir. Und vor allem Stoff. Wir können Svala nicht in ein Bettlaken oder einen Islandpulli hängen.»
«Spinnaker!», rief Theres.
Alle sahen sie verblüfft an.
«Was spinnst du?», fragte Jana.
«Spinnaker. Segeltuch. Das hält doch, oder?»
«Willst du euer Segelboot plündern?», fragte Sven.
«Meine Mutter hat das halbe Haus vollgehängt mit Mustern für Spinnakersegel. Ziemlich groß.»
«Die wird sie zurückgeben müssen.»
«Nein. Die hat sie so zuschneiden lassen, dass man die Farben gut sieht. Und an den Originalseilen hängen sie auch. Ich ruf sie an?»
Sven nickte. Dann ging er, um auf dem Hof nach Haken zu suchen, die mehr hielten als seine Wohnzimmerlampe. Theres rief ihre Mutter an. Sie hörten den Hufschlag der Pferde im Treibgang. Dann kamen sie, einer nach dem anderen schauten sie alle mal bei Svala vorbei, und Bjalla ging gar nicht mehr fort. Sie stellte sich neben die Stangen, die sie von ihrer Freundin trennten.

Sven brachte die Leiter, er hatte auch Ringe gefunden, starke Eisenringe mit dicken Stiften und Gewinden, die zu seinen Dübeln passten.

«Nix Haken», sagte er und streichelte Svalas Kopf, «du kommst nicht an den Haken. Wir sind schließlich nicht in Island.»

«In Svalas Pferdepass steht, dass sie nicht zur Gewinnung von Lebensmitteln vorgesehen ist», sagte Christina.

«Weiß ich. Stand schon drin, bevor wir dir das Pony verkauft haben.»

«Was meinen die?», fragte Theres leise. «Kapier ich nicht.»

Alberta wusste es.

«Am Haken hängt Fleisch. Beim Metzger. Wenn ein Pferd am Haken hängt, ist es nur noch Fleisch. In Island wird viel Pferdefleisch gegessen. Aber in Svalas Pferdepass steht, dass sie nicht geschlachtet werden darf.»

Und dann kam Frau Rohner, und fast bereute Theres, dass sie ihre Mutter geholt hatte. Die zog ihren Ledertrolley hinter sich her, öffnete ihn und breitete im Vorraum vor dem Stall Farben aus, die auch Islandpferde nicht hatten. Das waren die Farben von Papageien, Kolibris und Paradiesvögeln. Theres hätte sich am liebsten hinter Alberta versteckt. Typisch ihre Mutter! Anstatt einfach ein großes Stück Segeltuch zu greifen, brachte sie die komplette Kollektion angeschleppt, goss einen Farbenrausch in den Stall und breitete ihren ganzen Luxus vor Svalas Billighalfter aus. Als ob es von irgendeiner Bedeutung wäre, ob Svalas verletzter Körper in blau changierenden Wellen, in leuchtend gelben Sonnenkreisen oder in rubinroten Kristallmustern schaukelte. Sven schaute von der Leiter auf die bunte Pracht und grinste.

«Oh, Frau Rohner, vielen Dank», sagte er, «ich glaube, Blau heilt am besten, oder?»
«Nein! Rot!» Christina grinste nicht. Theres trat einen Schritt neben Alberta und sah Christinas Augen leuchten. «Wir lieben Rot. Svala und ich. Können wir das rote haben? Sie brauchen das wirklich nicht mehr?»
Frau Rohner schüttelte den Kopf.
«Ich werde das Boot wieder verkaufen. Wir lassen das vorerst mit dem Segeln. Jetzt sollen Herbststürme kommen. Da sollte man nicht anfangen. Theres hat sowieso keine Lust. Ihr könnt das alles haben.»
Vor den Balken, die den Stall vom Vorraum trennten, versammelten sich die Islandpferde. Skuggi steckte seinen dunkel gescheckten Kopf durch die Balken, schnappte das blaue Wellentuch mit den Zähnen und versuchte, es in den Stall zu ziehen.
«Die wollen jetzt bestimmt alle krank werden, wenn es dafür so schöne Hängematten gibt», grinste Sven, da erklang die isländische Melodie seines Handys. Alle schauten ihn an, alle mit demselben Gedanken: der Tierarzt! Das Röntgenbild! Sven stieg von der Leiter.
Es war der Tierarzt – aber der andere. Dr. Detlevs fragte, ob das Pferd schon behandelt würde. Er könne frühestens in einer Stunde da sein.
«Also nichts Neues, Christina», murmelte Sven. «Wir müssen warten. Geduld!»
«Ich suche das Heunetz», sagte Isa, «wir hatten ein Heunetz. Weiß jemand, wo das hingekommen ist?»
Sie erhielt keine Antwort. Alle schauten auf Sven und die Bohrmaschine. Wenn Hermann vom Ulmenhof etwas zu

reparieren hatte und das Geräusch der Bohrmaschine den Stall durchlärmte, hatten die Ulmenhofpferde in ihren Boxen getobt. Christina streichelte Svalas Stirn. Erschrecken durfte die Stute nicht.

Aber Svala nahm alles gelassen hin: die Leiter, das Kabel quer durch ihre Box, das Kreischen der Bohrmaschine, das Klappern von zwanzig Hufen auf dem Steinboden, als fünf der Isländer aus dem Stall flohen – Svala hatte Heu vor ihrer Nase, Christina an ihrem Kopf und Bjalla an ihrer Seite. Die war stehen geblieben, und als die fünf verschreckten Ponys aus dem Stall gestürmt waren, sagte Frau Rohner in die Stille: «Das ist Bjalla, ja? Die da so ruhig stehen geblieben ist?»

Theres war wütend auf ihre Mutter. Musste die ausgerechnet jetzt darauf hinweisen, dass sie für ihre Tochter genau das richtige Pferd gekauft hatte? Christina hatte auch genau das richtige Pferd – gehabt? Theres lauschte auf Svens Handy. Wie lange braucht so eine Kuh, bis sie ihr Kalb geboren hat?

Die Segeltücher hatten Ösen. Die Seile hatte Frau Rohner ordentlich aufgerollt, die bunte Hängematte war vorbereitet.

«Die Breite könnte passen», meinte Sven. «Das blaue ist etwas schmaler, das wäre vielleicht noch besser. Muss es rot sein, Christina?»

«Ja», sagte Christina, «bitte. Rot bringt uns Glück.»

«Ist praktisch, wenn wir die Breite so lassen können, dann können wir gleich die Ösen benutzen. Und die halten auch. Sind für Herbststürme gemacht. Werden unsere kleine Schwalbe tragen.»

Isa kam mit dem Heunetz.

«Hat er schon …?», fragte sie.
Sven schüttelte den Kopf, ohne aufzuschauen.
«Sind natürlich viel zu lang. Dürfen wir abschneiden?»
Frau Rohner holte ein Messer aus dem Seitenfach ihres Koffers.
«Das schaffen Sie mit keiner Schere. Dafür gibt es so ein Messer.»
Während Sven das Segeltuch kürzte, hatte Theres plötzlich eine Melodie im Kopf, ein Lied, zu dem sie keinen Text wusste, immer wieder dieselbe kurze musikalische Phrase. So etwas passierte ihr selten. Ihre Querflötenlehrerin verzweifelte, weil Theres sich keine Melodien merken konnte – und nun dieses Lied. Es dröhnte in ihrem Kopf herum. Und da erkannte sie es: Es war das kleine isländische Lied von Svens Handy. Hatte sie sich jemals in ihrem Leben so sehr nach einer Melodie gesehnt? O ja, das hatte sie! Vor zwei Jahren hatte sie mit Jana so etwas wie eine Erkennungsmelodie gehabt. Die hatte Jana immer gepfiffen, wenn sie durch den Garten zu ihr kam und unter ihrem offenen Fenster vorbeiging. Aber Theres hatte das nicht nachpfeifen können, und bald darauf vergaß auch Jana die kleine Folge von Tönen. Doch jetzt hatte Theres das Gefühl, sie könnte Svens Handy-Lied pfeifen. Sie wollte es hören, unbedingt! Sofort! Wo war denn der Stall mit der kalbenden Kuh? Wie lange brauchte Dr. Wegener von dort bis zu seiner Praxis?
Sven zog die Seile durch die Ösen. Das Handy in seiner Tasche blieb stumm.
Was reg ich mich eigentlich auf?, dachte Theres. Ist nicht mein Pferd. Nicht mal das Pferd meiner Freundin. Ist nicht mein Pferd. Ist nicht mein Pferd. Ist nicht …

Sie dachte es einmal zu viel, um noch glauben zu können, dass ihr Svalas Schicksal gleichgültig war. Tat ihr die schwarze Stute leid? Bjallas Freundin? Tat ihr Christina leid? Oder ahnte sie irgendwo tief im Innern, dass sie mit diesem Unfall mehr zu tun haben könnte? Sie sah, wie ihre Mutter das Messer wieder in die Seitentasche des Koffers steckte und den Reißverschluss zuzog.

Sven zeigte Svala das Segeltuch. Aber die interessierte sich nicht dafür. Nicht einmal für das Rot. Ihre Nase folgte Isa, die ihr das Heu vor dem Maul wegsammelte und in das Heunetz stopfte. So weit sie ihren langen Hals dehnen konnte, streckte sie sich nach den Heuhalmen, ohne den rechten Huf aufzusetzen, während Sven das rote Tuch unter ihrem Bauch bewegte.

«Kein Stierkampfpferd», sagte er, «zumindest als Stier ist sie für die Arena völlig ungeeignet. Laura, halt mal das Tuch auf der anderen Seite.»

Isa hängte das Heunetz in Svalas Nasenhöhe. Nun konnte sie weiterfressen, musste sich aber die Halme aus den Maschen zupfen.

«So können wir sie fast den ganzen Tag fressen lassen», stellte Isa befriedigt fest.

Sven stieg wieder auf die Leiter, zog die Seile durch die Ringe auf der einen Seite, stieg herab, versetzte die Leiter, Laura reichte ihm die Seile von der anderen Seite zu, das Tuch spannte unter Svalas Bauch. Die schüttelte sich, dann fraß sie weiter.

«Und?», fragte Laura. «Ziehst du sie jetzt hoch?»

«Ich glaube, das ist nicht mein Job. Wozu haben wir so viele Pferde?»

«Die Geschirre sind drüben bei der Kutsche», sagte Isa. «Ich hol das für den Einspänner.»
«Ihr wollt sie von einem Pferd hochziehen lassen?» Jana schaute Sven entsetzt an. «Und wenn das losrennt, klebt Svala an der Decke!»
«Jana!» Isa lachte fast ein wenig. «Das sind keine Warmblüter. Das sind Isländer.»
Ist nicht mein Pferd, versuchte Theres zu denken, aber stattdessen dachte sie: Und wie weit ist es von der kalbenden Kuh bis zur Tierarztpraxis? Wie lange dauert es, bis so ein Röntgenbild entwickelt ist? Wie lange müssen wir noch warten, bis ...
«Führ mal Bjalla da weg», unterbrach Sven ihre Gedanken, «wir nehmen Gletta, die hat längst kapiert, worum es geht, hundert pro.»
Die weiße Stute stand etwas abseits von den anderen Ponys, und erst jetzt nahm Theres wahr, dass sie zuschaute, wahrscheinlich schon lange. Isa brachte das Geschirr für den Einspänner.
«Der Ausritt fällt heute aus», sagte sie. «Ich glaube, niemand von euch hat Lust, jetzt zum See zu reiten.»
Schweigen. Dann hörten sie Christina: «Doch! Ich habe große Lust, zum See zu reiten. Wäre mir viel lieber, als mein Pferd in eine Spinnakerschaukel zu hängen. Und wenn ihr reiten wollt? Eure Pferde gehen Tölt, nicht Drölt.»
Niemand wollte reiten. Sven band zwei weitere Seile und Ringe ein.
«Wir führen die Seile unter den Balken durch. Gletta zieht Svala hoch, dann hänge ich diese Seile in die Ringe, und wir lassen Svala vorsichtig wieder ein paar Zentimeter

sinken. Was meinst du, soll ich Panikhaken nehmen oder Karabiner?»

«Karabiner», entschied Isa, «unbedingt.» Sie hatte Gletta das Geschirr angelegt. «Der Balken hält, ja?»

«Absolut.»

Isa sprach leise mit Gletta, hakte die Seile in das Geschirr, die Schimmelstute schnaubte leise, tat einen Schritt, noch zwei, die Seile spannten sich –

«Ist Svala okay?», fragte Isa leise.

Dass Christina und Laura nickten, konnte sie nicht sehen. Sie war mit Augen und Händen ganz bei Gletta.

«Okay?»

«Alles klar», sagte Sven. «Lass sie zwei Schritte gehen.»

Gletta und Isa standen Schulter an Schulter, sie machten genau dieselben Bewegungen, zwei Schritte – Svala wurde gehoben, sie schnaubte, sie bewegte die Beine im Stroh, wirbelte ein paar Halme auf.

«Noch einen Schritt», verlangte Sven.

Den machte Isa, mit ihr Gletta, Sven hängte die Karabinerhaken ein.

«Zwei Schritte langsam zurück.»

Isa trat zurück, Gletta auch.

«Geschafft!», verkündete Sven. «Kannst sie ausspannen. Gib ihr einen Apfel. Hat sie verdient.»

Svala ruderte mit den Beinen. Dann zupfte sie wieder Halme aus dem Heunetz.

«Jetzt könnte eigentlich dieser Tierarzt anrufen!», schimpfte Sven. «Wo ist diese Kuh? Wie weit ist es zu seiner Praxis?»

«Von hier nur fünf Minuten», sagte Felix, «er beeilt sich bestimmt.»

«Glaub ich dir …»
«Sind Schwalben und Mauersegler eigentlich verwandt?», wollte Christina wissen.
«Wie kommst du jetzt darauf?»
«Meine kleine Schwalbe ist jetzt ein Spinnakersegler. Oder Segeltuchsegler. Das ist noch schöner. Ein Roter Segeltuchsegler.»
«Ich glaube Schwalben und Mauersegler sind verwandt. Schwalben und Pferde allerdings nicht, auch nicht wenn sie so heißen. Auf Dauer können wir sie da nicht hängen lassen. Ich frage mich, was ihr Kreislauf dazu sagt. Wie soll sie pinkeln und äppeln?»
«Das ist nicht für lange», unterbrach Isa. «Also, den Ausritt müssen wir streichen, das Mittagessen nicht. Aber ich schaff den Auflauf nicht mehr …»
«Mittagessen», knurrte Laura, «hat jemand Hunger?»
«Ihr müsst Mittag essen», mischte sich Frau Rohner ein. «Ich fahr los und hol was.»
Ganz offenbar war sie froh, etwas tun zu können. Sie warf die übrigen Stoffbahnen in den Koffer, der Stallboden wurde wieder grau.
«Was soll ich holen? Was wollt ihr?»
«Gesundes Vorderfußwurzelgelenk», verlangte Laura.
Aber Isa stimmte Frau Rohner zu.
«Danke, das ist nett von ihnen. Was, ist völlig egal, irgendwas, aber nicht nur Fleisch, wir haben ein paar Vegetarier.»
Frau Rohner ließ das Kofferschloss zuschnappen.
«Zum Beispiel meine Tochter», nickte sie.
Und dann lief sie fast gegen Dr. Wegener, der lautlos durch das Hallentor hereingeschlüpft war.

Warum kommt er?, dachte Theres erschrocken. Warum ruft er nicht an?
Ihre Mutter kannte den Tierarzt nicht, aber wahrscheinlich spürte sie die Spannung, die sich im Stall ausbreitete.
«Tschuldigung», murmelte sie, lenkte den Trolley um ihn herum und verschwand.
Theres wäre ihr am liebsten gefolgt. Stattdessen hatte sie plötzlich Bjallas Kopf im Arm, sie drückte das Gesicht in die helle Mähne. Ja, mit Bjalla würde sie aushalten, was jetzt kam. Bjalla war besser als Flucht. Bjalla war ihre Zuflucht. Sie richtete sich auf und drehte sich wieder zu den anderen um. Dr. Wegener trat auf Svala in der Hängematte zu.
«Grandios», sagte er. «Und richtig schick.»
«Ja», Christina lächelte. Es war ein auf die Lippen gezwungenes Lächeln, das ihr Gesicht in zwei Hälften teilte, die nicht zusammenpassten, in den Teil mit dem lächelnden Mund und den mit den erschrockenen Augen. «Meine Schwalbe hat nicht nur eine neue Gangart, sondern auch eine neue Vogelart erfunden. Sie ist jetzt ein Segeltuchsegler.»
Dann Schweigen. Stille.
«Jetzt sagen Sie es doch endlich», verlangte Sven.
Wegener nickte.
«Ein Knochen im Vorderfußwurzelgelenk ist angebrochen. Mehrere kleine Fissuren. Und eine Absplitterung. Da weiß ich noch nicht, ob der Knochensplitter wieder anwächst oder sich löst. Dann muss er raus. Aber das kann man operieren. Schlimm ist der Bruch. Ich habe das Röntgenbild mitgebracht. Ich denke, Dr. Detlevs kommt bald?»
Theres starrte Christina an. Da war keine Verzerrung in ihrem Gesicht. Es war nur schön. So schön wie sonst nur

unter einer Lampe oder im roten Abendlicht. Und sie verstand: Es war das Gesicht eines Menschen, der gelernt hat, so etwas hinzunehmen.
«Wird sie daran sterben?», fragte sie.
Wegener schüttelte den Kopf.
«An so etwas stirbt ein Pferd nicht», sagte Sven. «Zumindest nicht freiwillig. Die Frage ist, ob ein Pferd damit leben kann.»
«Ich halte es für möglich», sagte Wegener. «Es wird eine lange, aufwendige Behandlung. Und es geht nur, wenn das Pferd mitmacht. Aber Svala will ja leben. Ich denke, sie hat eine Chance, dass sie einmal wieder schmerzfrei laufen kann.»
«Kann man …», es war Christina, die sprach, doch das war nicht ihre Stimme, «kann man sie wieder reiten?»
«Das glaube ich nicht.»
Wie lange blieb Christinas Gesicht unbeweglich? Es schien Theres endlos lang. Dann schloss sie die Augen.
«Ich habe nichts dagegen, wenn ihr mich jetzt bedauert», sagte sie leise. «Jetzt könnt ihr meinetwegen Mitleid mit mir haben.»

Nicht lange danach kam Dr. Detlevs. Er hatte an seinem Tierarztwagen die Möglichkeit, das Röntgenbild gleich zu zeigen. Isa, Sven und die beiden Tierärzte standen auf dem Hof am Auto vor dem beleuchteten Rechteck, das Svalas verletztes Gelenk durchsichtig machte. Christina war bei ihrem Pferd geblieben und hatte endlich ihren Vater angerufen.
Theres stürzte sich mit den anderen in die Stallarbeit. Es war ja an diesem Morgen noch nicht gemistet und auch nicht

eingestreut worden. Niemand sagte etwas. Barana schleppte allerlei Zeug hin und her: eine vergessene Wurzelbürste, ein buntes Haargummi, eine leere Plastikflasche ... Theres musste ihr alles wegnehmen, sonst hätte sie es zerkaut. Sie warf die Flasche in den Kunststoffmüll, die Wurzelbürste in einen Putzkasten; das Haargummi – es war bunt, aber vor allem rot, es könnte Christinas sein – legte sie im Reiterstüble auf den Tisch. Dabei musste sie an Christina vorbeigehen. Sie mied ihren Blick. Alle warteten. Auf die Tierärzte. Auf Dr. Detlevs und eine völlig neue Diagnose. Auf Christinas Vater. Auf ein Wunder.

Auf Frau Rohner und das Mittagessen warteten sie nicht, nur Theres lauschte manchmal nach draußen oder schaute durch die Stalltür Richtung Parkplatz. Hoffentlich kam ihre Mutter nicht mit einem Super-Büffet aus dem Feinkostladen. Oder mit einem Catering-Wagen vom Party-Dienst. Sie scheuchte ein schwarzes Pony von einem Haufen Pferdeäpfel weg, und erst als es ging, merkte sie, dass es Stjarni war. Da ließ sie die Schubkarre einen Augenblick stehen und streichelte den silbernen Stern unter dem dunklen Schopf. Bjalla fehlte ihr. Ihre kleine Sonne begleitete sie nicht, sie war bei Svala geblieben. Und sie hatte eine schreckliche Übelkeit im Bauch, das Gefühl, sich gleich übergeben zu müssen, als hätte sie etwas Verdorbenes gegessen. Aber das war ganz normal, das war nur, weil alles so furchtbar war, das hatte eigentlich nichts mit ihr zu tun, den anderen ging es ganz genauso. Glaubte sie.

Dann waren plötzlich alle auf einmal da, standen im Vorraum neben der Krankenbox mit der roten Segeltuchschwalbe, die immer noch Halme aus dem Heu zupfte: beide Tierärzte,

Christinas Vater, Sven und Isa und Frau Rohner mit einem Stapel Pizza.

Also Pizza. Damit war Theres zufrieden. Pizza war zwar das Unpassendste, was ihre Mutter hätte bringen können, weil sie sich gestern alle mit Pizza vollgestopft hatten, aber Theres fand das auf alle Fälle besser als ein Menü aus dem Feinkostladen. Sie spürte eine kleine Erleichterung, fühlte sich aber überhaupt nicht besser. Die Übelkeit blieb, breitete sich in ihren Adern aus wie ein Gift. Ja, das war es! Es war das, was man ein ‹schleichendes Gift› nennen würde, man hörte es nicht, es war völlig lautlos, aber es hatte etwas mit ihr zu tun, das merkte sie nun – nur wusste sie nicht, was es war.

Niemand griff nach der Pizza. Sie hatten alle keinen Hunger, oder sie merkten nicht, dass sie Hunger hatten. Hunger war ein unangenehmes Gefühl mehr, und von all dem, was sie jetzt empfanden, nicht das Schlimmste. Schlimmer war das Gesicht von Dr. Detlevs. Frau Rohner brachte die Pizza in das Reiterstüble. Dr. Detlevs war so lang und dünn wie Sven. Vielleicht hatte er auch einmal rötlich blonde Haare gehabt, jetzt war er grau. Theres sah ihn zum ersten Mal, aber ihre Mutter musste ihn kennen, er hatte die Ankaufsuntersuchung für Bjalla gemacht. Auch Christinas Vater war nicht mehr jung. Er mochte einmal so hübsch gewesen sein wie seine Tochter, aber er hatte nicht mehr viele Haare. Detlevs legte Christina eine Hand auf die Schulter.

Die kennen sich, merkte Theres, na klar, sie wohnt in seinem Praxisgebiet, er behandelt Svala schon lange, und er ist sehr nett, er wird ihr helfen und wird alles so machen, dass ihr Vater das bezahlen kann …

Aber der Tierarzt zerstörte die Hoffnung sofort.

«Ich weiß nicht, ob wir dein Pferd retten können, Christina», sagte er, «auf jeden Fall wirst du Svala niemals wieder reiten, und – wir müssen das ansprechen, ich kenne ja eure Situation – das alles wird ziemlich teuer. Dieser Knochensplitter wird sich lösen, das muss operiert werden, und das kann nur eine Pferdeklinik.»

In Christinas Gesicht bewegte sich nichts.

«Was wollen Sie damit vorschlagen?», fragte sie. «Dass wir sie am besten einschläfern?»

«Auf keinen Fall», schaltete Sven sich ein. «Wir sind für den Unfall verantwortlich. Wenn wir gestern Abend die Weide umgesteckt hätten, wäre das nicht passiert. Also übernehmen wir auch die Tierarztkosten.»

«Ja», bestätigte Isa, «einschließlich Klinik.»

«Das können wir nicht annehmen.» Christinas Vater schüttelte den Kopf. «Ich weiß, was ihr investiert habt für diesen Umzug. Und ihr habt so viel für uns getan.»

Warum sind Menschen so bescheuert, dachte Theres, so sackbescheuert?! Ich habe diesen idiotischen Zellklumpen in Chicago, und ich bräuchte den nicht mal dafür, ich hab auch so genug, ich könnte auch so – Pferdeklinik! Operation! – lächerlich, aber sie werden das nicht annehmen, weil sie so bekloppt sind …

«Wie ist das mit der Krankenkasse?», fragte Detlevs. «Die zahlen doch einen monatlichen Beitrag für Svala.»

«Ja», nickte Christinas Vater, «die Kasse zahlt, damit Christina ein Pferd hat. Eines, das sie reiten kann, nicht eins, das sie streicheln kann. Der Kasse geht es nicht um das Pferd, sondern um die Beine für Christina. Wenn eins von den Beinen kaputt ist, hat das Pony für die Kasse keinen Wert mehr.»

Und wir sollen hier zugucken?!, schrie es in Theres. Das ist doch krank! Das will ich für Christina tun! Genau das!
Und dabei drehte sich ihr Magen. Die Übelkeit. Das Gift. Das schleichende Gift in ihren Adern, das sie nur spürte, von dem sie nicht wusste, wo es herkam, was es war.
«Svala», flüsterte Christina sehr leise, aber es war so still, dass man sie hören konnte, «Svala, meine kleine rote Segeltuchschwalbe, jetzt sind wir beide Krüppel. Dann kann ich eben nie wieder reiten. Aber wir werden alles für dich tun. Wir bleiben zusammen. Wir sind zusammen beide Krüppel.»
«Wir kriegen das hin», sagte ihr Vater schnell. «Es geht jetzt zunächst nur um Svala. Wie du wieder an ein Pony kommst, überlegen wir später.»
Schleichendes Gift kann man nicht hören, weil es sich so gemein lautlos anschleicht. Und natürlich kann man es auch nicht riechen. Hier roch es nach Pferd, nach Bjalla an Theres' Seite. Sonst nichts.
«Ist das nicht eigentlich ein Versicherungsfall?», fragte Dr. Wegener.
«Svala ist nicht krankenversichert», erklärte sein Kollege. «Dass sie von der Krankenkasse teilfinanziert wird, gibt ihr keinen Anspruch auf Familienversicherung der Kasse.»
«Nein, aber die Pferde sind doch alle haftpflichtversichert. Und eines hat Svala geschlagen. Das steht fest.»
«Ja, aber wir wissen nicht welches», sagte Sven. «Wir haben unsere Pferde alle in derselben Haftpflichtversicherung, aber ein gutes Drittel gehört uns nicht. Die Pferdebesitzer haben ihre Versicherungen. Da schiebt es dann immer eine auf die andere.»
«Man könnte da schon was drehen», überlegte Isa. «Den Fall

ganz anders darstellen. Als ob klar wäre, welches Pony sie getroffen hat. Ist Versicherungsbetrug, macht man nicht gern, aber schließlich *sind* die Pferde alle versichert. Eine müsste zahlen. Ist doch egal, welche.»
«Barana!»
Das platzte aus Theres heraus. Alle schauten sie an. Sie reagierte schnell und verbarg die kleine freudvolle Erleichterung in ihrem Gesicht. Wenn Theres bei irgendetwas schnell war, dann im Verbergen von Gefühlen. Man hat schließlich keine Erleichterung im Gesicht, wenn man seinen eigenen Hund anklagen muss. Sie griff nach Baranas Halsband. Jetzt aufpassen und die richtigen Worte finden. Das war schon schwieriger.
«Also – der Unfall wäre ja nicht passiert», begann sie zögernd, «wenn Barana nicht mitten in die Herde gerannt wäre. Da haben die angefangen, so rumzuschlagen. Nicht weil sie so spät rausgekommen sind. Das hat sie nur schneller gemacht. Geschlagen haben sie erst, als Barana dazwischengelaufen ist. Ich hatte schreckliche Angst, dass sie getroffen wird. Vielleicht haben sie auch nach ihr geschlagen. Die war wie ein Wolf.»
Vorsicht! Die anderen Hunde nicht mit reinziehen, die Border Collies sehen viel eher aus wie Wölfe.
«Lleu und Goewin sind hinter der Herde gelaufen. Wie immer. Barana hat noch so wenig Erfahrung, und sie hat so schlechte Nerven.»
«Hat sie», bestätigte Jana. Theres hatte wieder Jana an ihrer Seite. Die begriff so etwas immer sofort. «Ich bin neben Theres gestanden und hab das gesehen. Eigentlich hat Barana den Unfall verursacht, ja.»

«Und Barana ist supergut versichert!» Aufgepasst! Theres musste sich etwas zurücknehmen. Nicht zu viel Jubel in die Stimme geben! «Ist sie doch, Mama?»
Der Blickwechsel mit ihrer Mutter war vertraut und tat ihr gut. Zwar nickte die bloß, doch sie sah an ihren Augen, an dem leichten Zucken ihrer Lippen, dass sie nachdachte, dass sie diese Idee weiterdachte. Beiden war egal, ob und wie Barana versichert war, wenn sie nur die Erlaubnis erobern konnte, diese Pferdeklinik und die Operation zu bezahlen.
Ziemlich irritiert schaute Christinas Vater sie an.
«Was hast du gesehen, Sven?», fragte Isa, und es lag eine Forderung in ihrer Stimme: Los, mach da mit!
«Ich – ich hab was rennen sehen, ich hab die Bänder vom Paddock eingehängt, dann hab ich mich umgedreht und was rennen sehen.»
«Und das war Barana», bestätigte Felix.
«Genau!» Auch Natalie machte mit. «Ich bin weiter hinten gewesen. Ich hab Lleu und Goewin gesehen. Die waren es nicht. Die waren total cool. Was in die Herde gerast ist, war rotbraun. Ich hab einen Augenblick gedacht, das ist ein kleines Reh.»
Donnerwetter, das war schlau! Dass ausgerechnet Natalie so klug war. Theres blinzelte zu Jana. Sogar deren Gesicht zeigte Anerkennung und Zustimmung.
Und das ist jetzt nicht mal Versicherungsbetrug, dachte Theres. Wir zahlen das einfach.
Endlich sagte Frau Rohner etwas: «Wir klären die Kostenfrage mit unserer Versicherung. Und – darf ich einen Vorschlag machen?» Sie wandte sich an Christinas Vater. «Wenn ich Sie richtig verstanden habe, können Sie nicht zwei Pferde

halten. Christina braucht aber wieder ein Pferd. Verkaufen Sie mir die Svala …»
«Was soll das nun?!», unterbrach er sie. «Warum machen Sie das? Was wollen Sie mit dem Pony?»
«Für mich – das klingt jetzt komisch, aber ich mein' das ganz ernst – für mich ist Svala ein ideales Pferd. Ich mag Pferde, und ich möchte mit meiner Tochter etwas zusammen machen. Ich kann aber nicht reiten, will es auch nicht. Ich hatte als Kind einen Reitunfall und habe mich dann nie wieder auf ein Pferd getraut.»
Sie wandte sich an die Tierärzte.
«Kann die Stute in ein, zwei Jahren ein Fohlen tragen?»
Beide nickten. Frau Rohner drehte sich zu Isa und Sven um.
«Ich denke, Svala wäre eine vorzügliche Zuchtstute?»
«Natürlich!» Isa war begeistert. «Das Einzige, was ich bedauert habe, als wir Svala an Christina verkauften, ist, dass sie keine Fohlen haben würde. Weil Christina sie doch immer braucht. Und wir haben ja jetzt alle heute noch mal erlebt, was für ein starker Charakter sie ist. Wie die da mitgemacht hat! Kein bisschen Panik. Das ist auch unter Isländern selten.»
«Aber zuerst», fuhr Frau Rohner fort, «muss sie in die Klinik und so gesund werden, wie sie es denn wieder werden kann. Und gesund wird man am besten, wenn man in seiner gewohnten Umgebung und bei seinen Menschen ist. Svala sollte also bei Christina bleiben. Bis es ihr wieder gut geht. Dann sehen wir weiter. Was meinst du, Christina? Es ist deine Entscheidung.»
«Muss ich das jetzt entscheiden?»

«Nein. Zuerst wird das Pony behandelt. Wir haben hier ja die besten Tierärzte. Und die kennen sicher auch die beste Klinik. Wenn unser Hund den Unfall verursacht hat, bin ich verantwortlich.»
Theres sah Christina von hinten nicken und hörte sie leise Danke sagen. Dann drehte sie sich um. Und Theres erschrak. Dieses Gesicht war schön und gefasst geblieben, als Christina von Svalas Unfall erfuhr. Jetzt zerfiel es. Verzerrt war es nicht. Es gab in diesem Augenblick keinen Grund für Angst und Schreck. Es war nur auseinandergefallen in Augen, Nase, Mund, die nichts miteinander zu tun haben wollten, die sich weigerten, ein Gesicht zu sein, ein Jemand, der Danke sagen sollte. Theres wäre am liebsten weggelaufen.
Sie soll es nicht sagen, dachte sie. Ich habe nichts für sie getan. Das ist doch kein Opfer, wenn Leute, die so bekloppt viel Geld haben, was davon weggeben. Das ist wirklich kein Opfer, das nicht …
Das nicht? Aber was? Was wäre das Opfer?
Und da war es wieder. Das Gift. Das schleichende, das man nicht hören und nicht riechen konnte. Konnte man es schmecken? Sie hatte plötzlich einen schlechten Geschmack im Mund. Warum? Das Einzige, was ihr dazu einfiel, war: Die Pizza wird kalt. Aber das machte keinen Sinn, denn sie hatte keinen Hunger.
«Danke», sagte Christinas Mund.
Dr. Detlevs hatte schon das Handy bereit.
«Ich wäre für Zürich. Was sagen Sie?»
Wegener nickte.
«Ich denke, wir schicken die Röntgenbilder nach Zürich»,

fuhr Detlevs fort. «Dann beraten wir gemeinsam, wie wir am besten vorgehen. Im Moment ist das Pony gut geschützt.»
«Ich weiß, wie sie dir fehlen wird, Christina», sagte Isa, «aber sie sollte in den nächsten Tagen hierbleiben.»
«Ja, wir sollten dicht dran sein», stimmte Sven zu, «Isa ist ja selber eine halbe Tierärztin.»
«Drei Viertel», korrigierte Dr. Detlevs. «Du kommst halt so oft wie möglich hierher, Christina.»
«Ich bringe sie jeden Tag», versprach ihr Vater.
«Sie müssen sie nur bis zu uns fahren», schlug Laura vor, «ich bin auch jeden Tag hier.»
Dr. Wegener übernahm die weitere Behandlung, für Detlevs war der Rappenhof jetzt zu weit entfernt. Er hatte es plötzlich sehr eilig, er musste zurück zu seinen eigenen Pferdepatienten. Bevor er ging, zertrat er die Giftkapsel und ließ es damit endlich auf Theres los, das Gift, das unhörbar schleichende, das man auch nicht riechen und nicht schmecken konnte. Detlevs also sagte: «Ich muss los!» Das war harmlos, aber er sagte auch: «Ihr habt jetzt natürlich noch ein Problem zu klären: Wie kommt Christina wieder an ein Pferd. An ein für sie geeignetes Pferd? Und zwar bald. Sie sollte das Reiten nicht unterbrechen. Und so weit ich das überblicke, gibt es so was wie Svala nur noch einmal.»
Sein Blick streifte Frau Rohner und – sehr flüchtig – Theres. Dann ging er schnell. Es sah so aus, als wollte er mit dem, was jetzt noch kam, nichts zu tun haben.
Verrücktes Gift, das man nicht riechen und nicht schmecken, aber sehr wohl sehen kann. Es war deutlich in den entsetzten Augen, mit denen Jana Theres anstarrte, und in Felix' verstörtem Gesichtsausdruck. Er hatte seine Dolly, Jana ihren Askan

verloren. Die beiden wussten genau, wie sich so etwas anfühlt. Und Theres sah es auch in Svens zusammengebissenen Lippen, Isas traurigem Mitleidsblick, Albertas hängendem Kopf, sogar Lauras offener Mund zeigte Erschrecken und Anteilnahme. Christina hatte die Stirn an Svalas Nase gelegt, sie drehte sich nicht um, und in der vollkommenen Stille, hörten alle deutlich ihr leises: «Ich will das nicht … ich will das nicht …»

Und dann Frau Rohners mit Panik durchdrungenes Stammeln: «Was-was – soll – das?»

Tief in ihrem Innern hatte Theres es längst gewusst. Jetzt brach der vergiftete Gedanke in ihr klares Bewusstsein: Ich werde Bjalla verlieren.

10 WIR DREI

Theres' blasse Hand, die den Sommer unter Hautschutzfaktor 24 verbracht hatte, verschwand in Bjallas Schopfhaaren, ein kurzes Zupfen, und die Stute folgte ihr. Sie ließ die Haare los, fasste das Pferd am Kinn, hörte Christinas Flüstern: «Ich will das nicht!», dann klapperten die Hufe auf dem Steinboden und nur noch Lautes drang zu ihr durch – der Panikschrei ihrer Mutter: «Theres!», und Isas Stimme: «Lassen Sie! Bleiben Sie! Wir müssen sie jetzt allein lassen.»
Das tat ihr gut. In Isas Stimme klang so viel mit, was sie nicht aussprach. Die verstand. Theres hatte das Gefühl, dass sich eine Hand um ihren Hinterkopf legte. Die Hand war groß und ihr Kopf war sehr klein, er füllte die Hand fast so aus wie

Bjallas Kinn ihre eigene Hand, aber Bjallas Kinn war weich und ohne Knochen fest und fühlte sich an wie lebendiger Samt. Ihre linke Hand, die verloren neben ihrem dünnen Oberschenkel baumelte, wurde erst warm und feucht von Baranas Atem, dann kalt und feucht von Baranas Nase. Sie beugte sich etwas nach links und strich über das glatte, seidige Hundefell, und sie dachte: Meine Freunde aus Samt und Seide, meine Tiere sind meine Kleider, ich werde mein Leben lang nackt sein und frieren ohne sie.

So führte sie Bjalla durch den Paddock, öffnete das Tor zum Putzplatz, schickte die Stute hinaus und schloss das Tor, bevor Skuggi hinterherrennen konnte. Sie hatte gehofft, an einem der Anbindehaken ein vergessenes Halfter zu finden, aber es lag keines herum.

«Steh, Bjalla, bleib!»

Sie rannte in die Sattelkammer. Über dem Sattel lag noch ihre Reitweste. Die zog sie an, warf sich die Trense über die Schulter, hängte sich den Putzkasten in die Armbeuge, schleppte den Sattel hinaus. Bjalla war stehen geblieben. Was für ein Pferd! Sie ließ den Sattel auf den Boden gleiten, irgendwohin, öffnete den Putzkasten – nur die Sattellage bürsten – schnell – bevor die anderen merkten, was sie vorhatte –, aber die Hufe – immer Hufe säubern – immer …

Bjalla hielt still. Wie überflüssig doch Halfter sind! Teure rundgenähte in der Fellfarbe genauso wie billige, perlenbestickte, rot auf schwarzem Grund. Sie quetschte den Hufkratzer mit Dreck und Mist in die Tasche ihrer Reitweste, kann ja immer sein, dass ein Pferd sich unterwegs einen Stein in den Huf tritt, sie legte den Sattel auf, schloss den Gurt, ohne ihn festzuziehen. Bjalla nahm das Trensengebiss

ganz von selbst. Gerte? Ja, daran ist sie nun mal gewöhnt ... weil Isa sie so ausgebildet hat ... dass man sie ohne Schenkel reiten kann ... nur mit Gerte ... wie Svala ...
Ich habe keine Hundeleine, dachte Theres.
Barana sprang um sie herum.
Nicht über den Hof, auf dem Pflaster hört man uns.
Sie führte die Stute zum Treibgang, öffnete den Seitenzugang, Barana zögerte vor dem Elektroband, dann folgte sie – jetzt schnell!
Theres rannte. Hund und Pferd trabten. Der Abzweig nach rechts war ja frei, und schon waren sie hinter dem Hügel, man konnte sie vom Stall nicht mehr sehen.
Theres keuchte. Ihre beiden Tiere hatten sich kaum warmgelaufen. Langsamer gingen sie bis zum Maisfeld.
Ich nehme den Weg, den die Jungen mit den Motorrädern gefahren sind, dachte Theres, da sind wir noch nie geritten, da suchen sie mich nicht.
Und schon quäkte ihr Handy seine etwas elegische klassische Melodie.
Sie blieb stehen. Die Panik ihrer Mutter am anderen Ende der Mobilfunkwellen durchpulste die Luft, machte sie steif und starr und nagelte sie fest auf den Boden. Sie wartete, bis sie anfing, die klagende, sich scheppernd wiederholende Tonfolge zu hassen, und sie blieb stehen, wie gebannt, bis das endlich aufhörte. Dann zog sie das Telefon aus der Tasche. Dabei zitterten ihre Hände. Sie graulte sich vor der Berührung, als sei das ein Tier, kein Hund, kein Pferd, ein Reptil, silbrig schimmernd lag es in ihrer Hand, eine tote Echse. Sie stellte es ab. Aber sie konnte es nicht wieder in die Tasche stecken. Soweit sie zurückdenken konnte, wurde sie von

einem Handy begleitet. Also stellte sie es wieder an und wählte eine andere Melodie, etwas Flottes, etwas, das Jana ausgesucht hätte. Bjalla machte den Hals lang und zupfte ein Blatt von einer Maispflanze.
Nicht!!! Oder doch?
Wenn Bjalla jetzt zu viel Mais fraß –
Das hat doch alles keinen Sinn, dachte Theres, die finden uns ja doch. Und wo sollten wir auch hin? Dies ist ein Abschiedsritt, mehr nicht, noch einmal ‹Wir drei›, dann Ende – aber wenn Bjalla eine Kolik bekommt …
Sie brach einen Maiskolben von der Pflanze.
– gerade so schlimm, dass sie operiert werden muss – das können die doch gar nicht bezahlen –, niemand kann von uns verlangen, dass wir Svala kaufen, ihre Operation bezahlen, dann Bjallas und dann kriegt Christina mein Pferd?
Bjalla wollte an dem Mais knabbern. Theres warf ihn weg. Sie löste den Gurt noch einmal, korrigierte die Sattellage, zog den Gurt so fest, dass sie aufsitzen konnte, und begann ihren Abschiedsritt, in ihrer Tasche spielte das Handy seine neue Melodie. Aber nun saß sie auf dem Pferd und war der Sonne näher, und das verhasste alte träge Handygedudel hatte sie abgestellt, es klang jetzt, als würde Jana sie anrufen, sie ließ die Zügel lang und trabte an.
Wir drei – wir drei bis vier – wir drei und Jana …
Der Wind in ihren Haaren war ungewohnt leicht.
Weit kam sie nicht. Nach wenigen Minuten hielt sie ratlos auf der Weide. Natürlich fand sie die Stelle, wo die Jungen in den Zaun gerast waren, aber nun war sie innen.
Ist da Strom drauf?, dachte sie. Bleibt da den ganzen Tag der Strom drauf?

Sie sprang ab, achtete darauf, dass sie weder Hund noch Pferd berührte und – es fiel ihr schwer, aber sie tat es – legte einen Finger auf das Elektroband. Kein Strom. Sie knotete das Band an der geflickten Stelle auf, nur zögernd folgten ihr die beiden Tiere, sie schloss die Schadstelle im Zaun so sorgfältig, wie Sven es getan hatte – und war frei.

Ein kleiner Galopp? War das Pferd schon warm genug? Lieber noch ein wenig traben. Der Weg war eben und gut. Warum ritten sie hier nie? Bjalla schnaubte und streckte sich, Theres streichelte ihren Hals und genoss den Wind in den Haaren …

Wind in den Haaren?

Sie zog die Zügel an. Ihr Pferd parierte so schnell zum Schritt, dass sie nach vorn geworfen wurde. Ihre Angst war wieder da: sie hatte die Reitkappe vergessen.

Das Handy! Schon wieder! Und obwohl es jetzt nach Jana klang, spürte sie die Mutter. Sie strich sich über die Haare. Sollte sie weiterreiten? Sie stellte das Handy endgültig ab. Wenn man ohne Kappe reitet, kann man auch das Handy abschalten. Barana lief voraus und kam zurück.

Nix Schritt!, sollte das heißen. Komm! Es kann losgehen!

Etwas Warmes lief über ihren ungeschützten Hinterkopf, wie ein warmer Luftzug, wie sie vorhin im Stall Isas Stimme berührt hatte, ihr Kopf lag sehr klein in einer großen Hand.

Vor neun oder zehn Jahren war sie einmal von einer Schaukel gefallen, war nach hinten gefallen und der Vater hatte sie aufgehoben. Ihr Kopf hatte genau in seine Hand gepasst. Die war ganz warm gewesen, und niemand hatte geschrien.

Theres ließ Bjalla wieder antraben.

Niemand hatte geschrien. Sie selber nicht, und ihre Mutter

war doch dabei gewesen … Aber niemand hatte geschrien. Dahin will ich zurück, dachte sie. Ich reite zu meinem Vater.
Wo war der? In Boston, Chicago, New York? London? Oder Shanghai?
Der Weg machte eine leichte Biegung nach rechts und stieg etwas an. Auf der linken Seite war wieder ein Maisfeld. Sie ließ die Stute galoppieren, ließ sie springen, rennen – heim zu ihrem Vater. Über die Richtung dachte sie nicht nach. Wenn man mitten in Europa aufbricht und ebenso gut in New York wie in Shanghai ankommen könnte, ist die Richtung ziemlich gleichgültig. Theres ritt dahin, wo ihr Kopf klein und eine Hand groß war, wo ihre Mutter nicht schrie, wenn sie von der Schaukel stürzte, und wo einer war, der zu diesem ganzen Unglück noch nichts gesagt hatte und dem etwas einfallen musste, musste, eine Lösung für alle, damit sie Bjalla behalten konnte.
Wie von ferne nahm sie wahr, dass rechts ein schmaler Pfad im spitzen Winkel in ihren Weg mündete. Sie blieb auf ihrer Strecke, sie galoppierte in die Fremde, nach Hause, zu ihrem Vater, mit verbotenem Wind in den Haaren und ein totes Handy in der Westentasche.
Aber lärmende silberne und bunte Streifen kreuzten in der Ferne ihren Weg. Eine Schnellstraße. Sie hatte keine Ahnung, wo sie war. Sie parierte Bjalla zum Schritt, das war kein Problem, aber sie musste schreien, damit Barana zurückkam. Einen Augenblick durchschlug sie der entsetzliche Gedanke, dass sie heute nicht nur ihr Pferd, dass sie jetzt auch ihren Hund verlieren würde. Das musste eine Bundesstraße sein, auf der höhere Geschwindigkeiten erlaubt waren, die Autos

fuhren mehr als 100 km/h, Gegenverkehr auch, rasende bunte Hundemörder von beiden Seiten …

«Barana!»

Die hielt aus vollem Lauf, überschlug sich fast und kam zurück.

Bei der Straße entdeckte Theres eine kleine Parkbucht. Da sah sie zwei Jungen mit Motorrädern. Sie wendete. Wenn sie nicht zum Stall zurückreiten wollte, musste sie den kleinen Pfad nehmen, den sie vorhin nur flüchtig bemerkt hatte.

Es war ein guter Weg, der leicht bergauf führte. Nach beiden Seiten war der Blick zuerst frei, dann tauchte sie in einen dunklen Nadelwald, der Pfad wurde zu einem Hohlweg mit steiler Böschung rechts und links, gut so, das hielt ihr den Hund auf der Strecke. Sie stand in den Bügeln, die Steigung war nun beträchtlich, und sie erreichte die Höhe.

Der See!

«Unser Ritt zum See», flüsterte sie. «Was geht mich das alles an. Wir reiten zum See, wir drei!»

Schritt ist eine wundervolle Gangart, wenn man dabei die Aussicht genießen kann.

Am See kaufe ich mir eine Pizza, dachte sie. Plötzlich hatte sie Hunger, sie hatte an diesem Morgen noch nichts gegessen.

Nein! Keine Pizza! Alles, nur nicht Pizza.

Nix da, fiel ihr ein, ich habe gar kein Geld.

Was für ein Gefühl! Was für ein aufregend neues, hinreißend kribbelndes Gefühl: Ich habe kein Geld!

Fast musste sie ein wenig lachen. Sie streichelte die dichte Sahnemähne über dem Widerrist.

«Bjalla,», rief sie, «weißt du das Neueste! Ich habe kein Geld!»

Sie genoss diesen Zustand wie den Blick auf den See. Er würde nicht lange dauern, sie würde zurückkehren, wo ihre Mutter war und viel Geld. Aber es blieb ihr dieser ungewohnte Zustand immerhin länger als der kurze Höhenweg. Der endete an einer Böschung, fast schon ein Fels, nach rechts ging es zwar weiter, aber steil nach unten, da konnte man nicht reiten.

Umkehren?

Ich will zum See! Das ist immerhin ein Weg, also führt er auch irgendwohin.

Sie saß ab. Die ersten Meter fand sie noch sicheren Halt auf dem Grasboden, dann wurde es felsig. Steinsplitter rutschten unter ihren Füßen, sie hielt sich am Sattel, Bjalla schnaubte zufrieden, sie ging zügig hinab, ein Weg wie in Island, sie fühlte sich wohl. Aber sie blieb stehen und schaute verwundert auf ihren Menschen, als Theres die Beine unter dem Körper wegglitten und sie einen Meter auf dem Hintern rutschte. Dann stand sie unsicher auf und klopfte sich den Dreck von der Jeans, die spitzen Steine hatten ihr wehgetan.

Baranas Pfoten!, dachte sie.

Doch die Hündin sprang fröhlich voraus, empfindlich war sie nie gewesen. Theres biss die Zähne zusammen. Abwärts gehen war unangenehm, und Jodphur-Stiefel sind keine Wanderschuhe. Sie stieß mit den Zehen schmerzhaft in die Schuhspitzen. Das war so unangenehm, dass sie gar nicht merkte, wie sich Pflanzen und Boden änderten, dass sie nicht mehr auf trockenen, spitzen Steinen, sondern auf feuchten Moosen rutschte. Kleine Rinnsale flossen aus dem Fels links. Und seit wann hatte sie eigentlich schon keine Sicht mehr

auf den See? Sie vermisste ihn nicht. Sie hatte viel zu viel damit zu tun, sich am Sattel zu halten, der Boden war nass und rutschig. Ohne es zu merken, verscheuchte sie winzige Fliegen. Bjalla ging langsamer. Weil sie Rücksicht nahm auf ihren ungeschickten Menschen? Barana leckte Wasser. Theres hatte Durst. Sie schlug nach den Fliegen.
Unfall, dachte sie, ich mache einen Unfall. So hat Christina das auch gemacht. Dafür kriegt man alles und niemand nimmt einem was weg. Manche haben Pech, denn sie hatten einen Unfall. Und alle sehen, dass sie Pech haben. Andere haben auch Pech, aber man sieht nichts davon. Das ist viel schlimmer. Ich mache mein Pech jetzt sichtbar, und dann rufe ich an, und sie schicken mir einen Hubschrauber.
Sie ließ den Sattel los und schwankte ohne Stütze weiter hinab. Aber auch ohne Bjalla. Die blieb stehen.
«Komm, meine Kleine, wir müssten gleich unten sein. Dann sind wir am See.»
Und der Unfall? Wie sollte sie stürzen? Was könnte sie sich brechen?
«Komm, Bjalla, komm!»
Unfälle tun so weh.
Bjalla schlug mit dem Schweif, mit dem Kopf. Die winzigen Fliegen bildeten immer mehr schwarze Punkte auf ihrem hellen Fell. Aber sie folgte Theres. Je tiefer sie kamen, desto dämmriger wurde es. Der Weg war jetzt nicht mehr steil, kein gutes Gelände mehr für einen Sturz, aber er führte mit einem scharfen Knick nach rechts. Da war ein See. Nicht der See, eigentlich gar kein See, ein Tümpel, schwarzes Wasser, aber helle, fast weiße Wollbüschel schwankten auf hohen Gräsern, rundherum und steile, fast senkrechte Hänge – sie

waren in einer Schlucht. Und sie waren in einer Wolke von Fliegen. Theres stolperte. Ihre Füße hingen in wurzelartigen Schlingen am Boden. Daraus wuchsen behaarte Stengel, die trugen viele kleine hellbraune Kugeln wie glänzende Nüsse. Sie zog die Jodphur-Stiefel aus den Schlingen. Die waren nass.

Umkehren? Diesen Weg wieder hinauf? Ihr taten die Füße weh. Man konnte um den Tümpel herumgehen. Gar nicht weit am Ufer entlang, und da begann ein guter Weg zwischen den Steilhängen hindurch, der musste zum See führen, da würde sie reiten können. Sofort entscheiden! Weg von den Fliegen! Aufsitzen und weg! Es war völlig eben rund um den Tümpel. So schnell war sie selten im Sattel gewesen.

«Barana! Hier!»

Die Fliegen krochen in ihren Ohren herum. Sie musste sie aus den Augen wischen. Sie atmete sie ein durch Nase und Mund.

«Vorwärts, Bjalla!»

Sie tickte die Stute mit der Gerte an, aber die rührte sich nicht, schnaubte, und als Theres sie weiter trieb, lief sie rückwärts den Weg hinauf und Theres fiel ihr auf den Hals. Verunsichert richtete sie sich wieder auf. Noch nie hatte Bjalla den Gehorsam verweigert.

Es sind die Fliegen, dachte sie. Die machen sie wahnsinnig. Oder diese Fußangelpflanzen. Weg hier, weg, wir müssen da durch, kann nicht weit sein.

Sie gab einen Schenkeldruck, nur leicht, wie Isa immer gefordert hatte, Bjalla ging zögernd wieder einen Meter hinab. Dann aber stand sie, und als Theres die Gerte anlegte, stieg sie, nicht hoch, aber Theres war furchtbar erschrocken und klemmte sich mit den Unterschenkeln fest. Da machte die Stute jenen Satz nach vorn, den sie verweigert hatte, den sie auf keinen, auf gar keinen Fall tun wollte.

Die Vorderbeine treten auf wie gewohnt, aber Theres sitzt fast wie auf einem sich bäumenden Pferd, obwohl Bjalla jetzt gar nicht gestiegen ist. Sie versteht nichts, nur, dass etwas Ungeheuerliches geschehen ist, und sie fühlt ihr Pferd unter sich kämpfen. Sie beugt sich nach vorn, blickt schräg nach unten zurück und sieht von Bjallas Hinterbeinen die Hufe nicht mehr. Da begreift sie, nimmt die Füße aus den Bügeln und wirft sich weiter nach vorn, an der Sahnemähne vorbei auf den Boden, ins Feuchte, es ist weich. Und mit offenem Mund muss sie zuschauen, wie Bjalla um ihr Leben kämpft.

Das gibt es nicht, denkt sie, in Island vielleicht, aber nicht hier, nicht hier.

Doch, sie weiß es, im Kalterer Moor gibt es das.

Sie packt die Zügel und reißt Bjallas Kopf hoch. Sie vergisst die Fliegen in ihren Augen, ihrem Mund. Fliegen? Unsinn! Das sind sie, die Kriebelmücken, die Gnitzen. Sie schlingt die Arme um Bjallas Kopf, dicht hinter den Ohren und wirft sich zurück. Ist ihr Federgewicht wirklich eine Hilfe? Wohl kaum. Aber es gelingt Bjalla, das Übergewicht nach vorn zu schieben, sie bekommt ein Hinterbein frei, setzt es auf den einigermaßen festen Boden und zieht das andere nach. Dann steht sie, keuchend, mit hängendem Kopf, während die Kriebelmücken in ihren Nüstern und Ohren herumkriechen.

Barana? Die ist hinübergesprungen und leckt Bjallas Nase.

Theres schließt die Augen, presst auch die Lippen fest zusammen, sie weiß nicht, ob sie sich mit den Händen die Nase zuhalten soll oder die Ohren. Mücken, überall Mücken. Sie würde sich am liebsten in ein Tuch wickeln oder in einen Sack kriechen, zumachen, dichtmachen, warten, bis sie hier endlich weg ist. Bjalla schnaubt und stupst sie an. Solange sie da steht wie in einen Sack verkrochen, kommt sie hier nicht weg. Blinzelnd öffnet sie die Augen und schaut sich um. Nur wenige Meter trennen sie von dem Weg, der schmal ist, aber gut ausgetreten, der also häufig benutzt wird und bestimmt sicher ist. Doch kann sie diese wenigen Meter gehen? Der Boden sieht in dem schummerigen Licht überall gleich aus, moosig, mal kleine wollige Wuschelköpfe auf langen Stengeln und Inseln von hohem, schilfartigem Gras. Wo Bjalla mit den Hinterbeinen eingebrochen ist, glänzen dunkle Löcher, um die herum sieht es genauso aus wie vor ihr und hinter ihr. Theres hat keine Ahnung, wo fester Boden und wo Moorlöcher sind.

Bjalla weiß es, dachte sie, Isländer wissen das.

Aber Bjalla ist in das Moorloch gesprungen.

Weil ich sie gezwungen habe, ich darf sie nicht zwingen.

«Bitte, Bjalla», flüstert sie, «hol mich hier raus, hol uns alle hier raus!»

Die kleine Stute atmet noch immer etwas schwer. Sie schlägt mit Kopf und Schweif. Ein Sommerekzemer ist sie nicht, aber diese Massen von Mücken plagen sie sehr.

Das halten wir nicht lange aus, denkt Theres.

Kann sie Hilfe holen? Eigentlich braucht sie nur einen Rat. Der Weg, den sie gekommen ist, und der andere, der so dicht bei ihnen weiterführt, wird bestimmt von Naturschützern benutzt. Sie schaltet ihr Handy ein. Wen anrufen?

Die Entscheidung wird ihr abgenommen. ‹Kein Empfang› meldet ihr Display. Natürlich! Sie ist im Sophientobel, in dem Seefunkloch, für dessen Erhaltung Janas Vater kämpft. Bjallas Atmung wird ruhiger, aber sie bleibt nicht mehr stehen. Immer wieder hebt sie einen Huf und setzt ihn eine Handbreit weiter nach vorn. Wo er gewesen ist, bleiben Löcher zurück, die sich mit Wasser füllen. Theres starrt entsetzt auf das schwarze Muster, das da im dunklen Moos entsteht. Sie hat sich das anders gedacht mit dem Unfall, ganz anders. Von innen breitet sich ein Druck in ihrem Körper aus, sie hat das Gefühl, dass ihre Haut sich spannt, als würde sie gleich aufplatzen an mindesten hundert Stellen auf einmal. Dabei fließen Tränen aus ihren Augen, schwemmen die kleinen Insekten hinaus, die sie zusammen mit den Tränen auf ihrem Gesicht zerreibt. Sie kann keinen Gedanken mehr fassen, erst recht keine Entscheidung treffen, und mitten in dem Funkloch empfängt sie die heftig und völlig unregelmäßig gepulsten Panikwellen ihrer Mutter am Stall. Barana blafft ihr kurzes, nervöses Bellen und reißt Moosfetzen aus, weil nicht das winzigste Stückchen Holz herumliegt, das sie hätte zerkauen können.
Bjalla steht still. Ihre kleinen hellen Hufe versinken im dunklen Boden. Hat sie aufgegeben? Theres vergisst zu atmen, während sie zuschaut, wie das Moos sich um Bjallas Fesseln schließt. Sie verschluckt sich und muss husten, als ihre Lunge nach zu viel Luft auf einmal schnappt. Dann muss sie würgen, und wäre nur ein bisschen in ihrem Magen gewesen, hätte sie es ausgespuckt. Ihr ist klar, dass sie handeln muss. Als durch den Gummizug ihrer Jodphur-Stiefel Feuchtigkeit eindringt, hat sie kaum die Kraft, die Füße aus dem Morast zu ziehen.

Bjalla steht immer noch still.
Aber sie hat den Kopf gehoben. Sie bewegt ihn an ihrem langen Hals, die Ohren gespitzt, die Nüstern gebläht. So kann sie diesen ganzen Teil des Tobels betrachten, nur nicht das, was direkt hinter ihr liegt. Da aber ist ohnehin kein Weg. Dann schnaubt sie, zieht – es strengt sie an – die Hufe aus dem Sumpf und wendet sich nach links.
Bjalla hat eine Entscheidung getroffen.
Links von ihr ist kein Fels. Kaum zwei Meter trennen sie von einem bewaldeten Hang, der steil, aber nicht senkrecht ansteigt. Sie überquert die kurze Strecke aus Moos, Wollgras und Schilf mit langsamen, aber nicht mehr zögernden Schritten.
Da kann ein Mensch hinaufkriechen, denkt Theres, vielleicht auch ein Hund. Aber doch kein Pferd.
Die ersten anderthalb Meter sind sehr steil. Da wachsen noch keine Bäume, nur Wurzeln ragen aus der Erde. Daran kann ein Pferd sich nicht festkrallen.
Theres folgt ihrer Stute, erreicht den erdigen Hang, greift nach den Wurzeln, zieht sich hinauf, strampelt, rutscht ab. Barana kämpft sich hinauf, den Bauch fast am Boden gräbt sie die Pfoten in das weiche Erdreich.
Was tue ich da, denkt Theres. Bjalla hat mir den Weg hinaus gezeigt, und ich habe sie in diesen Dreck hineingeritten, und jetzt lasse ich sie zurück? Aber was soll ich tun? Was kann ich anderes tun?
Bjalla hebt sich auf den Hinterbeinen. Sie greift den Hang an wie ein gefährliches Tier, ihre Vorderhufe versinken in der Erde, sie zieht die Hinterhufe nach, tritt Wurzeln und Erdreich nach unten. Was gibt ihr den Halt für einen Sprung

hinauf? Sie ist eher oben als Mensch und Hund. Sie wartet. Sie hätte weitergehen können, aber sie wartet, bis Theres über dieses erste Steilstück gekrochen ist. Die ist völlig erschöpft, bleibt im Unterholz liegen, in herbstbuntem Laub über vermoderten Blättern früherer Jahre. Es ist noch ein endloses Stück hinauf. Und sie weiß nicht, was sie da oben erwartet. Ist das die Anstrengung wert?

Aber ihre Meinung ist hier nicht gefragt. Barana springt mit hellem, freudig erleichtertem Jiff Jiff Jiff weiter hinauf und verbeißt sich in eines der zahlreichen Holzstücke. Ihre Welt ist wieder in Ordnung. Es hat jemand die Führung übernommen, sie darf wieder folgen und ein ebenso folgsames wie ungehorsames dreijähriges Hundekind sein. Und Theres denkt: Wir schaffen das. Wenn Bjalla sagt, das geht, dann geht es.

Aber sie sind noch lange nicht oben. Nun haben sie mit Stolperfallen aus Ästen, Wurzeln und Gestrüpp zu kämpfen. Überall bleibt Bjalla mit den Zügeln hängen. Sie schüttelt unwillig den Kopf und hält ihn Theres hin. Die versteht und hakt die Zügel aus.

Steigbügel überschlagen, denkt sie.

Bei ihrem Supersattel mit den Bügelriemen unter dem Sattelblatt geht das nicht. Den linken Bügel kann sie nicht erreichen. Sie versucht, den rechten hochzuschieben, aber dann krallen sich ihre Finger um den Riemen, und sie hält sich fest. Sie ist so müde. Sie kann ihre Schritte durch Zweige, Äste und Gestrüpp nicht mehr kontrollieren, und die Füße schmerzen in den Stiefeln. Beide Hände festgeklammert an den Bügelriemen, lässt sie sich von Bjalla hinaufziehen.

Einmal bleibt der linke Bügel am Ast eines halb umgestürzten Baumes hängen, doch Bjalla kann sich befreien. Mehrmals ziehen auf Fichtennadeln gleitende Zweige und Zapfen Theres die Füße unter dem Körper weg, und sie wäre den Hang hinabgerutscht, wenn sie sich nicht am Sattel gehalten hätte. Und Bjalla wartet, bis sie wieder auf die Beine kommt.

Fichten, bemerkt sie, hier wachsen wieder Nadelbäume.

Sie schaut nicht mehr hinauf, und so erschrickt sie fast, als es plötzlich einen Meter abwärts geht, sie stolpern hinunter und stehen auf einem – Weg.

Allerdings – nur Bjalla steht. Barana tobt und wirft Fichtenzapfen um sich, Theres liegt an der Böschung und heult. Bjalla atmet schwer. Ihre Hinterbeine sind noch immer verkrustet von moorigem Schlamm, aber sie hat es geschafft, keines ihrer Beine zu verletzen. Theres steht auf, wischt sich die Tränen aus dem Gesicht und zerdrückt noch ein paar Mücken. Ihre Kopfhaut juckt. Sie kratzt, ohne es zu bemerken, das Jucken nimmt sie kaum wahr. Sie drückt das Gesicht an den Hals ihrer Stute, an die Mähnenseite, helles Haar mischt sich mit hellem Haar. Die haben eigentlich dieselbe Farbe, nur Bjallas leuchtet in der Oktobersonne, in ihrer Mähne ist Licht. Theres' Haare sind farblos, als hätte man sie mit einem Entfärbungsmittel in die Waschmaschine geworfen und alle Farbe ist spätestens mit dem fünften Spülgang ins Abwasser geschwemmt worden. Als sie aber den Kopf aus der Mähne nimmt, bleibt das Strahlende an ihrem Gesicht hängen.

«Danke», flüstert sie und kann nicht sehen, wie das Leuchtende über ihre juckende Kopfhaut bis in die Haarspitzen dringt.

In ihrer Weste scheppern zerrissene Fetzen der flotten Jana-Handy-Melodie. Sie nimmt das Gespräch an, kann aber nichts verstehen und wird gewiss auch nicht verstanden. Noch ist der Empfang zu schlecht. So schlecht, dass auch die Angst ihrer Mutter sie nicht erreicht? Sie fühlt sich frei.
Wer so ein Pferd hat, dem kann nichts passieren, denkt sie.
Bjalla atmet wieder normal. Sie stupst Theres an. Sie will weiter. Und da merkt Theres, dass sie die Gerte vergessen hat, wahrscheinlich liegen gelassen unten im Moor. Das ist nicht so schlimm, aber die Zügel hat sie auch verloren.
Sie überlässt Bjalla die Wahl der Richtung, und die geht bergauf. Theres stützt sich auf den Widerrist und humpelt neben ihr her. Auf keinen Fall kann sie mit den schmerzenden Füßen weiter laufen.
«Bist du wieder fit, meine Kleine?», fragt sie, lässt das Pony anhalten und überprüft die Atmung. «Ja.»
Sie steigt auf. Sie reitet weiter. Ohne Hundeleine. Ohne Reitkappe. Ohne Zügel. Ohne Angst.
Bjalla wollte traben. Theres beugte sich in den Entlastungssitz und ließ die Stute eine Weile aufwärts traben. Dann setzte sie sich in den Sattel und sagte: «Scheeeritt!», und Bjalla ging Schritt. Theres fühlte sich sicher. Die Richtung überließ sie dem Pferd, die Gangart bestimmt sie selbst. Barana lief brav neben ihnen her. Schon nach wenigen Minuten kam ihr die Gegend bekannt vor. Sie hätte nicht sagen können, wo sie war, aber sie hatte eine dumpfe Erinnerung an schreckliche Ausritte mit Perle, Bimbo, Smart, im günstigsten Fall Askan.
Sie war auf dem Ausreitgelände vom Ulmenhof.
Was würde Bettina sagen, wenn die mich so sähe, dachte sie, ohne Kappe, ohne Zügel ...

Doch es war völlig klar, was Bettina sagen würde. Sie würde denselben Tobsuchtsanfall kriegen wie Isa.

Was soll ich machen, dachte sie. Ich muss zurück. Und dies ist nicht irgendein Pferd. Das ist Bjalla, meine Freundin.

Ihre Freundin trabte aus dem Wald in freies hügeliges Gelände. Und auf dem Höhenweg sah sie –

Theres zuckte zusammen, doch es war ein Schreck ohne Angst. Einen kleinen verrückten Augenblick lang glaubte sie, sie sei auf dem Weg zu ihrem Vater nach Chicago oder Boston, sie sei gerade noch in der amerikanischen Steppe, in der Prärie.

Oben auf dem Höhenweg saß auf seinem gescheckten Pferd in die Weite schauend ein Indianer. Aber er trug keine Federkrone, sondern eine ordentliche Reitkappe. Theres erkannte Jana und Sokki.

Bjalla wieherte ihrem Stallgefährten entgegen und schwenkte in den schmalen Pfad, der zum Höhenweg hinaufführte. Sie begrüßte Sokki mit Schnauben und Prusten. Die beiden Mädchen begrüßten sich nicht. Janas steinernes Gesicht forderte nicht zu «Hi!» oder «Hallo» auf. Das blieb übrig von der Indianervision: unnahbare Reglosigkeit. Schließlich zischte sie leise: «Bist du jetzt total durchgeknallt oder was?»

Theres gab einen vorsichtigen Schenkeldruck. Bjalla wählte den Weg nach Westen, Sokki hielt sich neben ihr.

«Deine Mutter hat mich oft genervt mit ihrer Angst», sagte Jana, «aber diesmal habe ich sie, ehrlich gesagt, verstanden. Und dann auch noch das Handy abstellen!»

Hastig griff Theres nach dem Handy, wählte die vertraute Nummer und hatte Sekunden später die Stimme ihrer Mutter am Ohr.

«Mein Gott, Theres ...»
«Ich erklär es dir dann – jetzt beruhige dich – bitte – ich komme zurück – ich habe Jana getroffen – ja, wir bleiben zusammen ...»
Auch Jana knetete an ihrem Handy herum, führte kurze Gespräche rund um das Wort ‹gefunden› mit Isa, Sven, Laura, Carolin, Julia, Diana. Dann erst schaute sie Theres und ihre Tiere näher an.
«Wo wart ihr?», fragte sie mit Blick auf Bjallas morastverkrustete Hinterbeine.
«Später. Lass uns jetzt zurückreiten.»
«Du kannst so nicht reiten. Dass du die Kappe vergessen hast, sehe ich ja noch irgendwie ein, aber warum hast du keine Zügel?»
«Später, ich erzähle dir alles.»
«Du kannst so nicht reiten!»
«Doch.»
Jana fummelte am Schnappverschluss ihrer Reitkappe.
«Nimm wenigstens meine Kappe. Wenn du schon keine Zügel ...»
«Nicht nötig. Ich brauche keine Zügel.»
Da hielt Jana ihr Pony an.
«Beweis es mir», verlangte sie. «Trab ein Stück von mir weg, wende, trab zurück und parier sie zehn Meter vor mir zum Schritt.»
Theres streichelte Bjallas Hals.
«Okay.»
«Warte!», hielt Jana sie noch einmal zurück und wollte ihr ihre Gerte geben. Theres schüttelte den Kopf.
«Doch! Nimm sie!», beharrte Jana. «Bring Bjalla jetzt keinen

Schenkelgehorsam bei. Damit kann Christina nichts anfangen.»
Musste das sein!? Jetzt!? Theres hatte noch eine halbe Stunde Heimweg glauben wollen, sie blieben zusammen, sie drei. Zögernd nahm sie die Gerte und zeigte der Freundin, wie Bjalla sich ohne Zügel reiten ließ.
«Grandios», flüsterte die. «Das hätte ich nicht mal mit Askan geschafft.»
Schweigend ritten sie eine Weile nebeneinander her. Theres trabte im Entlastungssitz. Da sagte Jana: «Du siehst so anders aus.»
«Wie anders?»
«Bunter.»
«Wie bunter?»
«Weiß nicht. Eben bunter.»
Theres ließ beide Arme hängen. Manchmal berührte sie mit einer Hand ihr Pony, die Silbermähne mit der rechten, den goldgelben Hals mit der linken. Sonst, wenn sie unter Menschen war, wusste sie nie, wo sie ihre Arme hintun sollte. Da hatte sie schon oft gedacht, es gäbe nichts Praktischeres als Zügel in der Hand. Und nun fehlten ihr die Zügel nicht. Es gab ein Ziel für ihre Hände, und das war immer weich oder seidig glatt.
«Ich fühle mich auch bunter», sagte sie. «Ich habe mich noch nie so bunt gefühlt.»
Sie nahmen eine Abkürzung durch den Wald. Da ging es bergab, sie mussten Schritt gehen.
«Ich verstehe dich ja», sagte Jana. «...ob du je wieder so einen Pferdefreund finden wirst?»
«Nein!», sagte Theres.

«Ich habe Askan ja auch freiwillig abgegeben. Weil er es bei Kerstin besser hat. Und damit er bei Dolly bleiben kann. Die Pferde sind schließlich den ganzen Tag zusammen. Ich dachte, da ist die Pferdefreundschaft wichtiger.»

Theres schwieg. Sie zögerte. Dann sagte sie leise: «Und für Menschen ist die Menschenfreundschaft wichtiger?»

Aber Jana ging nicht darauf ein.

«Ich habe immer gedacht», begann sie, «wenn man so viel Geld hat wie ihr und Pferde einfach kaufen kann, dann passiert einem so etwas nicht. War wohl ein Irrtum.»

«Krasser Irrtum, ja. Du – wenn ich Bjalla verliere, will ich dich nicht verlieren.»

«Du verlierst mich doch gar nicht.»

«Ich will aber nicht nur mit dir in die Schule gehen. Ich will mit dir da sein, wo ich glücklich bin.»

«Warum warst du eigentlich so fies zu Christina?», lenkte Jana ab. «Du warst ehrlich nicht nett zu ihr.»

Sollte sie es erzählen?

«Sie hat mir was weggenommen.»

«Aber das tut sie doch erst jetzt.»

«Nein, vorher, ich will jetzt nicht darüber reden.»

Irgendwann würde sie Jana alles erzählen. Wichtig war das nicht mehr. Seit sie mit Bjalla und Barana vor vielleicht einer Stunde aufgebrochen war, hatte es nur noch ‹diese drei› gegeben. Sie hatte Felix völlig vergessen.

Ich glaube, ich war nie in ihn verliebt, dachte sie. Ich wollte nur so gern verliebt sein. Weil – mit vierzehn muss das doch. Oder?

Sie hatten den langen Töltweg erreicht. Isa ließ in diese Richtung nie traben, weil es immer noch bergab ging. Aber

Theres hatte keine Zügel, um Bjalla eine Spannung für den Tölt zu geben. Ob das auch so ging? Sie blieb tief im Sattel sitzen und berührte Bjallas Hinterbein mit der Gerte. Sie spürte, wie die Stute sich in der Schulter aufrichtete und dann lief sie taktklaren Tölt, einfach so. Hätte Theres ihre Pfefferminz-Reitlehrerin in der Tasche gehabt, die Tic Tacs hätten nicht in der Plastikschachtel geklappert.

«Genial», flüsterte Jana und schaute hingerissen zu ihr herüber. Theres konzentrierte sich ganz auf ihren Sitz. Nicht stören dieses Pferd, nicht stören diesen Ritt. So würde sie nie wieder reiten, ohne Kappe, ohne Zügel, und wenn sie noch einmal Bjalla reiten dürfte, würde die nicht mehr ihr Pferd sein. Nur nach Barana musste sie schauen. Die galoppierte an ihrer linken Seite. Nach Jana wollte sie nicht schauen und tat es doch. Die erwiderte den Blick nicht. Sie war genauso in ihr Pony versunken, hielt die Zügel leicht in den Händen, sie hatte ein seltsam fernes Lächeln im Gesicht. Und da merkte Theres es auch.

«Du, Jana», rief sie leise, «Sokki töltet. Und wie! Das – das ist Tölt!»

«Ja», flüsterte Jana, «ich verstehe.»

Den Rest des Weges gingen sie Schritt wie nach einem ganz normalen Ausritt.

«Es wären nur ein paar Tage», begann Theres, «dann hättest du das Isländergefühl im Hintern, wie Felix.»

«Es ist schon toll», sagte Jana.

«Bleibst du bei mir? Hier? Ich gebe mein Pferd weg. Ich möchte meine Freundin dafür zurück.»

«Mit so was kann man nicht handeln.»

«Ich handle nicht. Ich kämpfe.»

Jana schaute sie verblüfft an.
«Stimmt», sagte sie, «du kämpfst. Das ist neu, du – das ist – bunt … Ja, das hab gemeint mit bunt …»
Am Stall erwarteten sie fast alle. Jana hatte die Suchtrupps mit dem Handy ja zurückgerufen. Isa starrte Theres fassungslos an, als die mit ihrer reduzierten Ausrüstung an ihr vorbeiritt. Erst vor ihrer Mutter sprang Theres vom Pferd.
«Es tut mir leid, ich – »
«Ist schon gut, du bist ja wieder da.»
Dann ging sie zum Putzplatz. Bjalla lief einfach neben ihr her. Sie nahm ihr die Trense ab, den Sattel. Sie bürstete die Sattellage und wusch Bjalla die schmutzigen Hinterbeine. Das Halfter hing noch immer in der Sattelkammer. Sie suchte den Hufkratzer in ihrem Putzkasten, und es fiel ihr ein, dass sie ihn in die Reitweste gesteckt hatte. Sie richtete Bjalla ihr Müsli. Und ihre Möhren. Und ihre Äpfel. Während die Stute ihr Kraftfutter fraß, kratzte sie Mückenstiche an den Armen, an der Stirn, am ganzen Kopf und merkte es nicht. Sie wusch die Futterschüssel. Sie brachte Bjalla in den Paddock.
«Tschüss», sagte sie, streichelte Stirn, Schopf, Ohren, küsste die weiche Nase. «Tschüss.»
Dann ging sie in den Stall. Neben Svala in der Spinnakerschaukel stand noch immer der Rollstuhl mit den roten Zeichen auf der Rücklehne und darüber fiel noch immer Christinas kastanienbraunes Haar. Darauf ging Theres nun zu, um zu sagen, was sie auf keinen Fall sagen wollte. Sie liebte Bjalla in diesem Augenblick mehr als je zuvor.
Dennoch fiel es ihr jetzt leichter.

Als sie mit ihrer Mutter und Jana nach Hause fuhr, hatte sie nichts von ihrem Ritt durch den Sophientobel erzählt. Ihre Mutter hatte nicht gefragt und fragte noch immer nicht. Das war ungewöhnlich. Aber sie kam nicht dazu, darüber nachzudenken. Alle ihre Gedanken waren mit etwas beschäftigt, das mindestens genauso ungewöhnlich war: Als sie Christina gesagt hatte, sie würde ihr Bjalla überlassen, hatte die gefragt –

«Lass uns nach Island fahren und Bjallas Fohlen suchen», unterbrach ihre Mutter die Erinnerung.

Ja – nach Island fahren und Bjallas Fohlen suchen – gar nicht haben wollen – Bjalla war nicht zu ersetzen – aber kennenlernen, ihre Tochter in Island …

Auf ihrer rechten Schulter lag Janas Hand. Theres fühlte sich seltsam wohl.

Als sie zu Hause ankam, ging sie nicht sofort in ihr Zimmer. Um die Treppe herum fehlte das Bunte. In dem diesjährigen Sommerversuch ihrer Mutter, aufzubrechen, auszubrechen, hing jetzt ein schwer verletztes Pferd. Immerhin, andere Ausbruchversuche waren auf sinnlosere Weise zu Ende gegangen.

Ich bin jetzt selber bunt, dachte Theres. Was kann ich tun, damit das Bunte nicht wieder grau wird? Ich muss was tun. Noch immer hatte sie dieses merkwürdig angenehme Gefühl. Dabei war sie traurig, unendlich traurig. Sie setzte sich ins Wohnzimmer und schaute auf den See. Sie konnte sich kaum vorstellen, dass dies derselbe See war, den sie vor ein paar Stunden von hoch oben gesehen hatte.

Und dann erzählte sie von dem Moorloch, dem Steilhang, dem Ritt ohne Kappe und Zügel.

«Ich mach so was nie wieder», versicherte sie dem sehr blassen Gesicht ihrer Mutter, «ich …»
«Du wirst es wieder tun», unterbrach die Mutter, «du bist wie dein Vater.»
Theres erschrak. Das war immer von allen Vorwürfen der schlimmste gewesen.
Bunt bleiben, dachte sie, kämpfen! An Bjalla denken und kämpfen.
«Und du bist auch so gewesen», wehrte sie sich. «Hochseesegeln! Wenn das nicht gefährlich ist! Und …», sie zögerte, «… und du bist geritten! Ich weiß es. Du bist gesprungen. Er hat es mir erzählt.»
Frau Rohner nickte. «Hätte ich mir denken können. Ich habe ihn gebeten, es nicht zu tun – aber er … Ja, es stimmt. Ich bin nicht so ängstlich. Ich war es nicht. Ich habe ja auch nur Angst um dich. Du bist alles, was ich habe. Ich weiß, das ist schrecklich für dich, ich will das alles auch gar nicht, aber – du bist alles, was mir von ihm geblieben ist.»
Theres erstarrte. War das nun auch ein Vorwurf?
«Bitte, Mama, nicht heute, nicht jetzt. Ich verspreche …»
«Du hast mich nicht verstanden. Ich will nicht, dass du mir etwas versprichst. Ich will dir selber etwas versprechen. Dass ich mir mehr Mühe geben werde, nicht mehr solche Angst um dich zu haben.»
Ein paar Augenblicke waren beide still. Theres sah in das ausdruckslose Gesicht ihrer Mutter und hörte sie sagen: «Weißt du eigentlich, wie ähnlich du ihm bist? Und du wirst ihm immer ähnlicher. Diese Augen. Das sind seine, nicht meine. Und diese Art, sich umzudrehen. Immer mit der Schulter ein wenig voraus.»

«Ist das schlimm für dich?», fragte Theres erschrocken. «Das muss doch schrecklich für dich sein. So wie du ihn hasst.»
Und da sagte ihre Mutter sehr leise: «Unsinn, Theres, ich hasse ihn nicht. Ich liebe ihn. *Das* ist das Problem.»
Alles war neu.
Der Blick aus dem Fenster auf den See. Das Kitzeln ihrer gar zu feinen Haare am Kinn. Der Klang ihrer Schritte auf dem Parkett. Auch der mächtige spätbarocke Schrank war neu. Und leicht. Als hätten sie ihn erst gestern aus Ikea-Brettern zusammengebaut.
Nichts war anders. Ihr Vater war immer noch in Boston oder New York. In Chicago lag immer noch das Superpferd in Form eines tiefgefrorenen Zellklumpens. Nichts hatte sich geändert. Aber alles war neu.
Den ganzen Abend saßen sie zusammen und tauschten Erinnerungen an die Jahre, in denen sie zu dritt gewesen waren. Manchmal mussten sie lachen. Theres fielen lauter große Kleinigkeiten ein, an die sie in diesem Haus acht Jahre lang nicht zu denken gewagt hatte. Mit der warmen Hand an ihrem Hinterkopf nach dem Sturz von der Schaukel fing sie an, und sie endete mit: «Bitte, Mama, wenn du ihn doch liebst – dass er nicht wiederkommt, weiß ich, hab ich verstanden – aber meinst du, du könntest aufhören, über ihn zu schimpfen?»
Und da erhielt sie von ihrer Mutter das zweite Versprechen des Tages: «Ich versuch's.»
Als sie spät dann in ihrem Bett lag, war die Decke weicher und schmiegte sich um ihren Körper. Sie lag richtig tief im Bett, nicht auf dem Bett wie sonst.
Christina fiel ihr ein. Als sie ihr sagte, dass Bjalla nun ihr

Pferd sein sollte, hatte die mit einer zögernden, weichen Stimme gefragt: «Möchtest du, dass ich sie nur reite, oder darf ich sie lieben?»
«Du musst sie lieben wie – wie ich», hatte sie rasch geantwortet.
Sie war ziemlich erschrocken gewesen. Und verblüfft. Woher wusste Christina, dass man vielleicht jemanden lieben wollte, und das war nicht erlaubt? Sie streckte sich und kuschelte sich wieder in ihre Decke. In die neue Decke. In ihrem neuen Bett. In ihrem neuen Zimmer. In diesem neuen Haus.
Es war ein Haus, in dem sie ihren Vater lieben durfte. Das war – Glück.
Und Bjalla? Die – verrückt, aber es war wirklich so – die war ein Teil vom Glück.

UND WIE GEHT'S WEITER?

Wie wird Jana sich entscheiden? Es sieht ja wohl so aus, als würde Felix auf dem Rappenhof bleiben, aber Jana? Und wird Svala wieder ohne Schmerzen laufen können? Und wo reitet eigentlich Natalie? Das, ich verspreche es, werdet ihr im nächsten Band: *Geschecktes Glück* erfahren.

Ich habe diese Pferdebuchreihe *Hufspuren* genannt, weil ich nichts anderes tue, als noch einmal den Spuren nachzugehen, die viele Pferde in meinem Leben zurückge0lassen haben. Natürlich sind die Geschichten erfunden, aber die Ereignisse, aus denen sie entstanden sind, habe ich fast alle erlebt. Vielleicht findet ihr es seltsam, dass Christina, obwohl sie gelähmt ist, ziemlich gut reiten kann, aber ich habe Christina gekannt. Sie hatte einen anderen Namen und als ich sie traf, war sie schon eine erwachsene Frau. Sie kam mit ihrem Freund zu einem Reitkurs in der Reitschule Rengoldshausen in Überlingen am Bodensee. Der Freund saß bei diesem Kurs zum ersten Mal auf einem Pferd. Wenn er mit ihr anders als Rollstuhl schiebend wandern wollte, musste er reiten lernen. Sobald die beiden im Sattel saßen, war sie sehr viel schneller und wendiger als er.

Übrigens: Zuerst wollte ich die Reihe anders nennen: «Frislandaloosa», aber alle meinten, das sei zu rätselhaft. Stimmt das? Ich würde eigentlich vermuten, die richtigen Pferdekenner unter euch durchschauen das Wort und erkennen schnell, wer in den folgenden Büchern noch auftreten wird. Mögt ihr das Rätsel lösen? Dann schreibt mir:

christaludwig@gmx.de

Ich bin in vielen verschiedenen Städten in vielen sehr verschiedenen Reitställen gewesen. Die meisten guten und schönen Erlebnisse, die in diese *Hufspuren* eingegangen sind, habe ich da erlebt, wo ich heute noch wohne. So möchte ich mich sehr herzlich bedanken bei:

Ulla Thiersch von Keiser und Dr. Petra Baurmann von der Reitschule Rengoldshausen in Überlingen am Bodensee, wo ich neben Islandpferden auch die iberischen Pferde und das klassische Dressurreiten kennenlernte, und bei Gaby Matscheko vom Islandpferdehof Hegau bei Stockach im Bodenseehinterland, wo jetzt mein Islandpferd wohnt.

Mein besonderer Dank aber gilt diesen meinen Freunden, ohne die diese Bücher nicht entstanden wären:
Inka, Dolly, Oro, Beaujolais, Obelisk, Suleika, Silber, Tamino, Grande, Bjalla, Thokkadis, Menja, Skuggi vor allem aber: Gletta und Starkadur.

MINI-LEXIKON DER PFERDEFACHSPRACHE

Andalusier	Pferderasse aus Andalusien, heißt richtig: Pura Raza Española, das bedeutet so viel wie «Spanisches Vollblut»
Ballentritt	die weichen Stellen hinten über jedem Huf nennt man Ballen, von einem Ballentritt spricht man, wenn das Pferd mit einem Hinterhuf auf die Ballen des Vorderhufes tritt
Englisches Vollblut	sehr schnelle Pferde (Rennpferde), vor ungefähr 300 Jahren in England durch Einkreuzen orientalischer Pferde entstanden
Canter	ruhiger, lockerer Galopp
Entlastungssitz	der Reiter beugt sich leicht nach vorn, berührt den Sattel noch, sitzt aber nicht mehr darauf, entlastet also den Pferderücken und verlagert das Gewicht auf Steigbügel und Oberschenkel.

Falbfuchs	Falbe auf der Grundfarbe Fuchs, sieht fast aus wie ein Fuchs, hat aber immer einen Aalstrich, also einen dunkleren Strich über den ganzen Rücken
Fesselkopf	Fesselgelenk, das Gelenk über dem Hufgelenk
Fissuren	haarfeine Risse im Knochen, der nicht gebrochen ist
Fuchs	fuchsrotes Pferd
Fünfgänger	außer den üblichen Grundgangarten Schritt, Trab und Galopp geht das Pferd noch Tölt (siehe unten) und Pass (siehe Rennpass)
Gewichtshilfe	durch die Verlagerung des Gewichtes wirkt der Reiter auf das Pferd ein und sagt ihm damit, was es tun soll
auf den Hufschlag	auf die äußerste Spur eines Reitplatzes gehen
den Hufschlag frei machen	die äußerste Spur eines Reitplatzes verlassen und frei machen für andere Pferde
Jodphurstiefel	kurze Stiefeletten, werden zu langen Reithosen (Jodphurhosen) getragen
leichttraben	sich im Takt des Trabes auf- und abbewegen
Rennpass	der 5. Gang der Islandpferde, das Pferd bewegt die Beine nicht diagonal wie im Trab, sondern geht mit beiden rechten Beinen gleichzeitig vor, dann mit den linken, das alles in sehr hoher Geschwindigkeit
Sattelblatt	das obere Leder des Sattels, das der Reiter mit dem Bein berührt
Schecke	schwarzweiß, braunweiß oder rotfuchsweiß geflecktes Pferd
Schulterherein	gymnastizierende Übung für das Pferd, es biegt sich im Rücken und geht leicht seitwärts
Schenkelweichen	ähnlich wie Schulterherein, das Pferd geht seitwärts, ist aber im Rücken gerade
Taktfehler	Unregelmäßigkeiten im Gang des Pferdes
taktklar	ohne Taktfehler
Tölt	der 4. Gang einiger Pferderassen, z. B. Isländer, so etwa wie ein sehr schnelles Gehen, das Pferd hat immer mindestens ein Bein am Boden, darum ist diese Gangart so bequem zu sitzen, aber nicht ganz leicht zu reiten

versammelter Galopp	sehr langsamer Galopp
Viergänger	außer Schritt, Trab und Galopp geht das Pferd noch Tölt (siehe oben)
Vorhand	Vorderteil des Pferdes
Warmblut	sehr verbreitete Pferderasse, die meisten Spring- und Dressurpferde sind Warmblüter
windfarben	bei nur wenigen Pferderassen gibt es diese Farbe, der Körper ist dunkel, Mähne und Schweif sind silberhell